駒澤大学仏教学部教授
永井政之＝監修

宮下　真＝著

ブッダ　いのちの言葉

人生の真理が心をゆさぶる！

はじめに――監修者より

本書で紹介している約一〇〇のことばは、ブッダ（釈迦）が実際に説法で語ったことばに最も近いとされる『ダンマパダ』（漢訳『法句経《ほっくきょう》』）から引かれています。それはミャンマーやタイ、スリランカなど、南方に伝わった仏教が伝えた「真理のことば」の集成でもあります。

一読されればお分かりのとおり、どれも短いフレーズで構成されていますが、ぶれることのないその内容は、ブッダが常に現実を直視しつつ、「人生の真実」を人々に率直なことばで説いていたことを伝えます。

同時に本書では、ブッダの語ったことばと悩み多き現代の日本を結ぶ解説を付しました。それはブッダの教えを「いま現在を生きる人」に生かしてほしいという著者の思いの結実であるとともに、なかなか理想どおりにいかない「現実を生きる人間」への精一杯のエールでもあります。

ブッダの教え、そして仏教的生き方を知る絶好の入門書となる本書をきっかけに、さらに先達のブッダ研究の成果にもふれていただくことを切望いたします。

駒澤大学仏教学部教授　**永井政之**

第一章

捨ててこそ得られるもの
——身一つで生きていく

第二章 心を整え自分と向き合う
——本当の主人公とは

第三章 いまここで精一杯生きる
——過去でも未来でもなく

第四章

いのちに感謝し生を楽しむ
――すべては無常と知る

第五章

幸福はどこにあるのか

――人生をうるおすもの

第一章

捨ててこそ得られるもの

——身一つで生きていく

心に汚れがしみ付いたままでは幸福を望んでも空しい

ものごとは心に支配され、心を主とし、
心によって成り立つ。
もしも汚《けが》れた心で話したり行ったりするなら、
苦しみがその人につきしたがう。
車をひく牛の足跡に車輪がついていくように。

（法句経1）

ことばも行動も清らかな心にしたがえ

ブッダは言っています。汚《けが》れた心のままでは、何を話してもどんな行動をとっても「苦」がずっとついて回るのだと。対句となる次の句にはこうあります。

ものごとは心に支配され、心を主とし、心によって成り立つ。
もしも清らかな心で話したり行ったりするなら、
楽がその人につきしたがう。影が体から離れないように。（法句経２）

ここでいう「楽」とは、とらわれから離れた心の安らぎです。そしてこの世に生かされていることの喜びです。ことばも行動も清らかな心にしたがえば、「楽」とともに生きていくことができる――。そういう単純で生の根本にかかわることをブッダ、すなわちお釈迦さまは二千五百年も前に人々に語りかけました。ブッダとは「覚者《かくしゃ》、目覚めた人」の意味ですが、そのことばに人々もまた「苦しみのもとは自分の汚れた心（欲望や憎悪）にあったのだ」と初めて目覚めたのです。

では清らかな心とは何か。それは我欲《がよく》を一切離れた慈《いつく》しみと感謝の心でしょう。これを忘れてしまったとき、人の苦しみは始まるのです

怨みや憎しみは
それを捨てることでしか
解決しない

この世においては、
怨みに対して怨みをもって返すならば、
ついに怨みは静まることがない。
怨みを捨ててこそ静まる。
これは永遠の真理である。

（法句経5）

愛と寛容によって怨みを断ち切る

かつて世界に向けて語られたブッダのことばです。第二次大戦後、一九五一年のサンフランシスコ平和条約締結の際、スリランカ（当時セイロン）のジャヤワルデネ代表は法句経のこの句を引用して、対日賠償権を放棄したという歴史上有名な出来事がありました。五〇か国の代表を前にして「憎しみは憎しみによっては止《や》まず、ただ愛によってのみ止む」と日本への寛容を示した演説は、巨額の賠償や日本分割を主張する他国の代表にも大きな感銘を与えたと伝えられています。

わが国では千二百年前、天台宗の開祖・最澄《さいちょう》が次のことばを残しています。

怨みを以《も》って怨みに報ぜば、怨み止まず、
徳を以って怨みに報ぜば、怨み即ち尽く。
長夜夢裏《ちょうやむり》のことを恨むなかれ、法性真如《ほっしょうしんにょ》の境《きょう》を信ずべし。（「御遺誡《ごゆいかい》」）

怨みに怨みをもって返しても新たな怨みを生むだけだ。徳（真心や寛容）をもって返せばたちまち怨みは消える。一生は夢のごときもの、怨みを捨てて法（真理）を信じて生きよ――。これもブッダの思いを継ぐ至言《しげん》といえるでしょう。

欲を離し
無心に受け入れると
どんなことも楽しみに変わる

村でも、林でも、低地でも、平地でも、
聖者が住むところは楽しい。
森も林も楽しい。世間の人が楽しまない場所も、
欲を離れた人は楽しむだろう。
彼らは快楽を求めないゆえに。

（法句経98・99）

「いまいるここ」を無心に楽しむ

赤毛のアンは、家の周りのありふれた場所を「恋人の小径《こみち》」や「スミレの谷」と名付け、宮沢賢治は、岩手を理想の大地として「イーハトーヴ」とよび、北上川の川岸を「イギリス海岸」と名付けました。

何の変哲もない見慣れた場所も、想像力ひとつで素敵な場所に変わるという見本でしょう。「聖者にはどんなところも楽しい。執着を離れ快楽を求めない人は、森でも林でも、どこでも楽しむことができる」とブッダは言っています。

楽しみや幸せは、どこかであなたを待ってくれているわけではないのです。欲を張っていてはどこへ行っても満足できず、心から楽しむことはできません。欲を離れ、自分がいる世界を無心にあるがままに受け入れるとき、おのずと歓喜は生まれる——と、ブッダははるか昔のインドで人々に説いていました。

大事なのは、幸せを探しにわざわざ遠くへ出かけたり、幸福をだれかが運んできてくれるのを待つことではなく、「いまいるここ」を自分で楽しい場所に変え、心安らかに過ごすための智慧《ちえ》を手にすることなのです。

愛する人に花飾りを贈ろう
縁を広めて
幸福な人々を増やそう

たくさんの花の束から、
多くの花飾りを作ることができるように、
人として生まれて死んでいくのなら、
多くの善をなすべきである。

（法句経53）

私の喜びから多くの人の喜びへ

この句は、生きている間になるべく多くの善を行い、よき人生を送れという教えです。ただ、花飾り※のたとえが何を意味するかを考えたくなります。

きれいな花をたくさん集めれば、美しい花飾りを数多く作ることができます。

それと同じように、たとえばあなたが多くの善行を積み、多くの人とよい縁を結んで周囲に善の心を広げていけば、〝あなただけでなく、多くの人が〟よき人生を送ることができる。そんな意味を含んでいると解釈したくなるのです。

仏教では〝生・老・病・死〟を「四苦《しく》」といい、生まれて生きること、病気や老い、死ぬこと、すべてだれもが避けることのできない「苦」であるとします。

その苦から逃れ、永遠の心の安らぎを得るための真理と実践を説いたのが仏教で、それはまず自分の救済のための教えでもありました。けれども、「苦」の只中にいる衆生《しゅじょう》の存在に気づいたよき人がよき縁を広げていくなら、花飾りを贈られる花嫁のように、歓喜の笑顔で人生を受けとめる人々を増やすことができる――。ブッダはそうして世の中全体が救われることを願っていたのです。

※夫となる男性が花嫁の上に投げかける飾りをいう。

欲望ばかり追い求めても
心は渇き
満たされることはない

花を摘むのに夢中になっている人を
死はとらえ、さらっていく。
あたかも、眠っている村を
大洪水が押し流していくように。

（法句経47）

「足る」を知ってこそ豊かな人生

「花を摘むのに夢中になっている」とは、快楽を追い求めてやまないこと。ここでの花はつまり欲望の対象です。

物欲も性欲も食欲も、どこかで歯止めをかけないと際限のない貪《むさぼ》りを始めてしまいます。人に愛されたい、認められたいという欲求も同様でしょう。「渇愛《かつあい》」ということばがあるように、ほどほどで満足しないと、いつも渇きを抱えて苦しむことになります。そしてついに満たされることなく、死を迎えてしまうのです。

ブッダは「求めて執着し満足しない人を、死が征服する」と言っています。

仏教では「少欲知足《しょうよくちそく》」（欲少なくして足るを知る）という教えを大事にします。欲張らず、多くを求めず、いまこうして自分が在《あ》ることに感謝して日々を過ごすということ。足る（満足）を知らぬ人は、どれだけ多くの花を手に入れても心はすぐ渇き、また次の花を求めます。心はずっと苦しく貧しいままなのです。

欲は少なく足るを知り、些細《ささい》なことにも喜びを見つけ、「ありがたい」という感謝を忘れない——それこそ心を豊かにする生き方ではないでしょうか。

いたずらに美にとらわれることなく心を静かに保とう

この世のものは清からずと思いなして暮らし、
眼耳鼻などの器官を守り、食事に節度を保ち、
信念を持ってつとめ励む人を、
悪魔が襲うことはない。
岩山が風にゆるがないように。

（法句経8）

とらわれの心をなくすコツ

この句には、心を安定させて日々すこやかに暮らすための心得を述べているような雰囲気があります。「この世のものは清からずと思いなし」とは、あれもきれいだ、これも美しいと、あれこれを「美と観ずるな」ということ。

すべては清からず（不浄である）と思っていれば、心がとらわれることもなく、執着も渇愛《かつあい》も生じず（煩悩という悪魔も現れず）、心静かに過ごせるというのです。これには異議を唱えたくなる人もいるかもしれません。しかし新しい二枚目韓流スターが現れるたびに心を奪われてしまう女性や、若い女性とすれ違うたびに脚や胸元に眼がいってしまう男性が多いことを考えれば、よけいな「とらわれの心」はなるべくなくしたほうがいいと納得できそうです。

この句はまた、どこか健康長寿の養生訓《ようじょうくん》とも通じ合います。江戸時代、徳川家に仕え一〇八歳まで現役だった※天海僧正《てんかいそうじょう》は、長寿法を聞かれて次のように答えています。「気は長く、つとめはかたく、色うすく、食細うして、心ひろかれ」。

色とは色欲のこと。やはり「とらわれの心」は抑えるのがよさそうです。

※天海僧正（1536-1643）は徳川家康、秀忠、家光の三代に仕えた。

空疎な一千のことばより
心をうるおす一言を贈ろう

無益な語を集めた一千ものことばより、
聞いて心の静まる有益な一句のほうがよい。
無益な語句からなる一千もの詩より、
聞いて心の静まる一編の詩のほうがよい。

（法句経100・101）

心に届くのは心から発せられたことば

聞く人の心を静かに落ち着かせることば。

傷ついた心を癒し、生きる力を与えてくれる詩。

そんなことばや詩に出会える機会は、そう多くはありません。

ブッダが各地で行った説法を聞くことは、そうした希有《けう》の体験を人々にもたらしたのではないでしょうか。『法句経《ほっくきょう》』は、まさにブッダのことばに感銘を受けた人々によって伝承され、後世に経典としてまとめられたもの。二十一世紀の日本でいまこうしてその詩句を紹介しているのも、ブッダが言う「心の静まることばや詩」がこの書には満ち、いまも私たちの心に届くからです。

二〇一一年の東日本大震災。福島の原発事故が起きたとき、原発関係者は多くのことばを費やして状況説明をくり返し、政治家は実効性の不明な安全対策の話ばかりしていました。しかし被災地やそれを見守る人々の心をとらえ、共感をよんだのは、たとえばツイッターから発信される福島在住の詩人※の短いことばでした。人の心に届くのは、やはり心の奥から発せられたことばだけなのです。

※福島市在住の和合亮一氏。当時のことばは『詩の礫』という一冊の本になった。

心をもって城郭を作り
智慧《ちえ》をもって悪魔と戦え

この身は水瓶《みずがめ》のようにもろいものと知り、
この心を城郭のように堅固に定め、
智慧の武器をもって魔王と戦え。
勝ち得たものを守り、防御を怠るな。

（法句経40）

つよく清浄な心で魔を退ける

昔のインドの水瓶は、素焼き製で壊れやすいものでした。「この身は水瓶のようにもろいもの」とは、かたちあるものはいつか滅びるという無常を示しています。「魔王と戦え」とは、襲いくる煩悩（悪魔）から心を守れということ。

肉体はもろいが、心を城壁のようにがっちり構築し、智慧※を武器として魔と戦え。そして勝利したら防御を怠るな（さらに精進せよ）——とブッダは言っています。「魔」は、サンスクリット語のマーラの音訳魔羅《まら》の省略語で、性欲や睡魔、悪への誘惑など仏道修行や人の善行を妨害するものをさし、悪魔も同義語です。つい悪事に手を染めてしまったとき、「魔がさした」などというのも、この「魔」からきたそうです。ブッダが修行の最終段階にあったとき、成道《じょうどう》（悟りを開くこと）を邪魔するためにマーラの軍勢が執拗に攻撃してきました。ブッダはそれを退けて勝利し、ついに悟りを開いたといいます。現代、悪魔の数はブッダの時代以上です。さまざまな〝悪魔の誘惑〟と戦うには、体力知力もさることながら、城壁のように揺るがないつよく清浄な心こそ肝要でしょう。

※仏の教えによって得られる真理のこと。「般若《はんにゃ》」ともいう。

何も持たずに生きていこう
喜びを日々の食事として

われらは何物も所有せず、
安楽に生きていこう。
われらは光り輝く神々のように、
歓喜を食《は》む者となろう。

（法句経200）

とらわれを捨てた「無所得」の世界へ

「はだかにて 生れてきたに 何不足」

お坊さんがよく使うことばですが、もとは小林一茶の句です。「もともと体一つで何も持たずに生まれてきたのに、何が足りないというのか」というおのれへのつぶやきにも似た一句で、いまで言えばツイッターの一文でしょうか。

私たちははだかで生まれ、何も持たずにはだかで死んでいきます。あれが欲しいこれも欲しいと財産を貯め込んでも、あの世には何一つ持っていけません。

「本来無一物《ほんらいむいちもつ》」という禅語もあります。本来何も持たず何も無い（空《くう》）のだから、執着するものもなく、煩悩の塵《ちり》がつくところさえない。そのように一切のとらわれから離れるのが禅である、という中国の禅僧慧能《えのう》のことばです。

「何物も所有せず、安楽に生きていこう」というブッダのことばは、こうして禅の精神にも脈々と息づいています。光り輝く神々とはアーバッサラ（光音天神《こうおんてんしん》）という神のこと。その貪《むさぼ》りも怒りもない無所得（一切の執着がないこと）の世界には、「喜び」という心うるおす本物のごちそうが待っているのです。

勝ち負けへの執着を
手放したとき
心におだやかな風が吹いてくる

勝利は怨みを引き起こし、
敗れた者は苦しみに臥《ふ》す。
勝敗を捨てて寂静《じゃくじょう》に入った者は、
安らぎに臥す。

（法句経201）

敗者こそ得られるもの

真夏のスポーツの代表といえば甲子園の高校野球でしょう。この大会には全国で四千を超える高校が参加し、地方大会からすべてトーナメント式の勝ち抜き戦で試合が行われます。つまり一度負けたらそこで終わりです。

かつて、元巨人軍の長嶋茂雄氏が甲子園で高校野球を観戦したとき、「参加した全国の高校は『一つの負け』を平等に経験する。たった一校の優勝校を除いて」という意味のことを話していました。地方予選で初戦敗退した高校も、甲子園の決勝で敗れた準優勝校も、「ひとしく一度の負けを味わう」ということ。この敗者の体験は必ず高校球児を成長させるでしょうと長嶋氏は言っていました。

勝利を目指す努力は人を成長させ、勝者は歓喜し、敗れた者は苦しみに臥《ふ》します。けれども勝敗への執着を手放したとき、安らぎの境地（寂静《じゃくじょう》）に入るとブッダは言っています。勝利を追い求めているときは手にできない、心静かに自分を見つめる機会を得るのです。執着を捨てた心には、おだやかな風が吹いてきます――これも私たちを成長させるのです。

愚かに百年生きるより至福の一日を生きるほうがいい

愚かに迷い、
心が乱れたまま百年生きるよりも、
智慧をそなえ、
心静かに一日生きるほうがまさっている。

（法句経111）

人生の真実に出会えるなら

智慧《ちえ》をわがものとし、心の静寂を得ることがいかにすばらしいことかを伝える句です。なにしろ、百年生きるより、智慧を得て一日生きるほうがいいと言っているわけですから、生半可な話ではありません。

智慧とは仏の教えによって得られる究極の叡智《えいち》で、これにより悟りは完成します。またあらゆる事象の真理を見極め、正しく対処する最上の知恵を意味します。

同じ紀元前五世紀頃、中国ではこんなことを言う賢人がいました。

朝《あした》に道を聞かば、夕べに死すとも可なり。

もしも朝に真理を知ることができたら、その晩に死んでもかまわない――。『論語』里仁篇《りじんへん》にある孔子の有名なことばです。「道を聞く」とは真理を知る、人生の意味を知るなどさまざまに解釈できますが、真理に目覚める、いわば悟りを得ることで、ブッダのことばと深いところでつながっています。

愚かに百年生きるより、歓喜に満ちた一日を生きる――。人生を深く洞察し、こんな潔《いさぎよ》いことばを残した先人たちに学ぶことは、まだまだ多いのです。

美しいものを汚《けが》さない
放逸《ほういつ》で自分を貶《おとし》めない

読誦《どくじゅ》しないことは聖典を汚し、
修繕しないことは家屋を汚し、
手入れを怠ることは容色を汚し、
放逸は心を守る人を汚す。

（法句経２４１）

もう一度目標を見据えて

これはいわば「無精はそれまでの努力を台無しにする」という戒めです。

聖典には学ぶべき宝が詰まっているのに、手にもとらず読誦《どくじゅ》（声に出して読むこと）せずにいるなら、聖典を汚《けが》していることと同じです。同様に、家屋が破損しても修理せず放っておけば、家はどんどんみすぼらしくなり、肌の手入れを怠れば、女性の美貌も台無しになってしまいます。

そして、心を慎み守ってきた人が無精して放逸《ほういつ》（勝手気ままに行動し生活が乱れる）になれば、積み上げてきた善を汚し、それまでの努力も水の泡になってしまうのです。せっかく地道に努力してきたのに、ふと無精・放逸へ道をそれてしまうのは、雑念がわいて自分の目標を見失ってしまうのが要因となることも多いでしょう。そんな人を叱咤《しった》する、※道元禅師《どうげんぜんじ》のことばがあります。

「見賢思斉《けんけんしさい》の猛利《もうり》精進《しょうじん》すべし、いたづらに光陰をわたることなかれ」

すぐれた修行者を目標として猛烈な勢いで精進せよ！　無駄に時間を過ごしてはならない――。目標をはっきり見据えれば、きっともう一度がんばれます。

※曹洞宗の開祖（1200～1253）。ひたすら坐禅に打ち込む「只管打坐《しかんたざ》」を唱えた。

壊れた鐘のように悪口雑言《あっこうぞうごん》にも超然としていよう

あたかも壊れた鐘のように、
自ら沈黙し、声を出さないのなら、
君はすでに涅槃《ねはん》に達している。
もはや怒り罵《ののし》ることはない。

（法句経134）

煩悩の火を吹き消すことができれば

粗暴なことばを投げつけられても、ことばで返したりせず、壊れてだれも撞《つ》かなくなった鐘のように、じっと沈黙を守っている――。

そんなふうになれば、すでにあなたは涅槃《ねはん》に達しており、もう怒りに心を乱すこともないと、この句は言っています。それは「忍辱行《にんにくぎょう》」という修行でもあります。さまざまな侮辱にも耐え忍んで、怨みの心を起こさないという修行です。

ことばに対してことばで反論したり、ことばの応酬をするのは「ことばへの執着」があるということ。〝壊れた鐘〟は、「そんな執着はすっかり捨てた。自己を不動のものとしたので、罵られても、殴られても、もはや動じない」という境地を示しています。この鐘は、岩山や深い湖のように超然としてそこにあります。

涅槃（サンスクリット語でニルヴァーナ）のもとの意味は「吹き消すこと」。

煩悩の火をすべて吹き消した安楽の境地には、怒りや貪《むさぼ》りの燃えカスすらなく、ことばさえ超越しているということです。せめて私たちも怒りの火を吹き消し、罵り合いやことばの暴力のない世界を目指しましょう。

束縛から自由になり
ことばも行いも静かな人になろう

正しい智慧によって解脱《げだつ》して、
安穏を得た人の心は静かである。
ことばも静かである。
行いも静かである。

（法句経96）

人を癒す「静けさ」を身につける

仏像を観《み》ると心が落ち着くという人は多いようです。仏像の代表である如来像《にょらいぞう》や菩薩《ぼさつ》像に共通するのは、その表情やたたずまいの「静けさ」でしょう。

すでに悟りを開いた「如来」。まだ修行中の身ながら、悟りを開くことを約束されている「菩薩」。菩薩はできるだけ多くの衆生《しゅじょう》を苦から救うために身を休める日もありませんが、その顔は「何も心配しなくていい」と人を安心させるような静けさをたたえ、慈悲の微笑みを浮かべる像も多く見られます。

ブッダの句は、解脱した人、つまり悟りを開いた人は、身も口も心も、そのすべてにおいて静かであると言っています。仏像はまさに、そうした悟りの境地にいる人の静けさを表しているのです。その姿は「神々でさえ彼らを羨む」（法句経181）というのですから、私たちが仏像に惹《ひ》かれるのも自然のことでしょう。

仏教では「如来も菩薩も、もともとは凡夫なり」と教えます。ならば喧噪《けんそう》の世の私たちでも、解脱した人の「静けさ」を身につけることはけっして無理なことではないはず。まずは「静かなことば」から心がけてみましょうか。

※すべての「いのちあるもの」。とくに煩悩に迷う人々のこと。

真実を語り
乞《こ》われたら惜しまず与える

真実を語ること。怒らないこと。
乞われたら、手持ちが少しでも与えること。
これら三つの行いによって、
神々のもとへ至るだろう。

（法句経224）

がんばれば実行できる三つのこと

道元禅師は、「仏道を学ぶ者は、たとえ相手が自分を殺そうとした人であっても、真実の道を聞きたいと真心から乞うのであれば、怨みを忘れて、知っている限りのことをその人のために説くべきだ」と言っています（『正法眼蔵随聞記《しょうぼうげんぞうずいもんき》』三）。怒るな、真実を語れ、乞われたら与えよ――まさにブッダの句そのものではないでしょうか。道元禅師の語録をたどっていくと、道元は折りにふれ「怒りより慈悲を」「真実のみ語れ」と弟子に言っていたことがわかります。「乞う者があれば、手持ちが少なかろうと与えよ」「物惜しみするな、仏の施しとは手足を切り落としてでも与えることだ」という話もたびたび出てきます。

さてこの句の「神々のもとへ至る」とは、迷える衆生が輪廻《りんね》するという「六道」※のうち最上位の、神々や天人が住む天道（天上界）へ行くことを示しています。

じつは「涅槃《ねはん》へ至る」のではないことが、この句のミソかもしれません。「世俗の人が涅槃へ行くのは難しい……しかしこの三つを守れるのなら天上界の幸福は得られる」と、ブッダが私たちを励ましているようにも聞こえるのです。

※「天道・人間道・修羅道・畜生道・餓鬼道・地獄道」の六つの世界。

煩悩の火を消してから心ゆくまで笑おう

なんの笑いか、なんの喜びか？
心は常に燃えているのに、
心は暗黒に覆われているのに、
なぜ灯明を求めないのか。

（法句経１４６）

その笑いは喜びとは無縁

笑ったり喜んだりしているなら一見ハッピーな光景なのに、ブッダはなぜこんな水を差すようなことを言うのでしょうか。

燃えているというのは煩悩の炎、心を暗黒に覆うのは※無明《むみょう》の闇です。

その炎を消しもせず、暗闇から抜け出ようともせず、本当の幸せとはほど遠いところにいるのに、あなたたちは何を笑い、どんな喜びがあるというのか――。

ブッダはそう問いかけています。「無明の闇」とは煩悩に迷う無知の状態を闇にたとえており、「灯明」とはその闇を照らす智慧《ちえ》の光のこと。

燃えさかるのは煩悩の根本となる「貪《とん》・瞋《じん》・痴《ち》」（貪《むさぼ》り・怒り・無知）の三毒の炎です。じつは私たちの日常の笑いの多くは、欲望や執着という煩悩から生じることをブッダはお見通しなのです。お金が儲かっては笑い、性欲や食欲が満たされて笑い、競争に勝っては笑い、嫌いな相手を小馬鹿にして笑う……。

そんな笑いは真の喜びとは遠く、いっときで消えます。心の安らぎという真の幸福を得たなら、おだやかで汚《けが》れのない笑みが浮かぶはずです。

※真理を悟れないこと、あらゆる煩悩の根源となる無知をさす。

人は他人を清めることはできない
自分だけが心を浄化できる

自ら悪を行えば、自らを汚《けが》し、
自ら悪を行わないなら、自らを清める。
心が汚れるのも、清浄になるのも自分次第である。
人は他人を清めることはできない。

（法句経165）

清い心のみが人を幸福にする

心が清浄になるか汚れていくかは、すべて自分の行い次第であり、他人があなたを清めることはできない。あなたも他人を清めることはできない。自分の心を浄化できるのはあなた自身しかいないのだ――とブッダは言っています。

親も親友も清めてくれないし、あなたが汚れるのをだれかに責任転嫁することもできません。ただ、この句は「すべては自分次第」と自己責任を強調しているというより、「汚れた心を持ったら、何をしても不幸になっていく」ことを警告しているととらえるべきでしょう。「法句経1・2」にこう書かれていたことを思い出してください（14・15ページ参照）。

「もしも汚《けが》れた心で話したり行ったりするなら、苦しみがその人につきしたがう」

「もしも清らかな心で話したり行ったりするなら、楽がその人につきしたがう」

汚れた心は人を不幸にし、清い心のみが人を幸福にするのです。放っておけば心は汚れてしまいます。浄化法はただ悪を退け、善を行うこと。自分本位の生き方をやめ、本心から「人のため」に行動することも大事です。

罪をつぐない善の光でこの世を照らせ

かつて悪い行為をした者でも、善行によってつぐなうならば、彼はこの世を照らすだろう。雲を離れた月のように。

（法句経１７３）

仏の前で救われない人はいない

前項の句（法句経165）を読んで、「自分はもう心の浄化など間に合わないのではないか」と不安になった人を救うようなブッダの句です。

かつて悪に染まり、悪業《あくごう》を重ねた人も、のちに悪業を覆い尽くすほど善の行いをたくさん積めば、世の中を明るく照らすような人間になれるというのです。

隠れていた月が雲間から現れ、周囲を明るくするたとえもよく、心にだいぶ汚れのたまった私のような者にも、さあっと光が差すような印象の句です。

仏の教えは、最後にはすべての人を救いとってくれるものです。中国を経て独自に発展した日本の仏教も、宗派によって救済へのアプローチは微妙に異なるにしても、「仏はすべての衆生を苦から救う」という根本は同じでしょう。

そこには、「人は過ちを犯すものだ、この世に生きている限り罪を犯さない者はいない」というブッダの教えが源流にあり、だからどんな悪人でも、仏に帰依することで悪から善への大転換ができるのです。犯した罪を悔い、懺悔《さんげ》するなら、救われない人はいない。ブッダはそう教えています。

赦《ゆる》すという勇気で怨みも恐れも取り除く

怨みを抱いている人々の中にいても、
怨みを抱かず安楽に生きよう。
怨みを持っている人々の中にいて、
われらは怨みを持たずに暮らしていこう。

（法句経197）

怨みはいつか心を壊してしまう

赦《ゆる》すのだ。赦すことから始めるのだ。
赦しこそ、恐れを取り除く最大の武器である。

映画『インビクタス～負けざる者たち』の中でマンデラ大統領が言うことばです。映画の舞台は一九九四年の南アフリカ共和国、マンデラ大統領と南アフリカ代表のラグビーチームの交流を、実話をもとに描いた作品です。

人種差別政策に対する反体制活動で二十七年間も獄中生活を送っていたネルソン・マンデラ。彼が大統領として復帰したとき、SP（警護官）に元公安警察の白人たちを配属したことを知って、黒人警護官が「彼らは黒人たちを殺そうとした連中ですよ」とマンデラにつよく抗議します。右のセリフはそのときモーガン・フリーマン演ずるマンデラ大統領が言ったことばです。

赦すことは簡単ではありません。怨みをもって仕返しすることより何倍も勇気がいるでしょう。しかし怨みを持ち続ければ心は汚《けが》れ、いつか壊れ始めます。怨みを捨ててこそ私たちは前へ進むことができ、安らぎが得られるのです。

ブッダの歩んだ道 1

シャカ族の王子の地位を捨てて出家

生まれてすぐに七歩歩く

ブッダは紀元前五世紀中頃、インド北部（現在のネパール国境付近）にあった小国カピラヴァストゥの王子として生まれました。

本名はゴータマ・シッダールタ。誕生年については、紀元前四六三年説のほか、紀元前五六六年などいくつかの説があり、はっきりとはわかっていません。およそ二千五百年前の実在の人物だったということを覚えておけばいいでしょう。

ブッダとは「覚者、目覚めた人」の意味で、出家し悟りを開いてからのゴータマは後世こうよばれるようになりました。釈迦やお釈迦さまとよばれるのは、シャカ族という出身部族の名からきており、仏教では釈迦牟尼世尊、釈迦牟尼仏陀（釈迦牟尼とは「釈迦族の聖者」の意味の尊称）と称号をつけてよんだり、略して釈尊とよんでいます。

ブッダの生誕のようすは次のように伝えられています。

母である王妃マーヤ（摩耶夫人《まやぶにん》）は、ある満月の夜、天から降りてきた白い象が自分の胎内に入る夢を見ました。マーヤは身ごもり、やがて出産が近づいてルンビニーの園へ立ち寄ったとき、沙羅の木の枝に右手をふれると、その腋の下からブッダが産まれ出たのです。ブッダは誕生後すぐに立って七歩歩き、右手を天に、左手を地に向け、「天上天下唯我独尊」と唱えたといいます。

「生老病死」の苦しみを知り出家を決意

母親のマーヤは、ブッダを産んで七日後に亡くなってしまいますが、王はマーヤの妹を後妻としてめとり、ブッダは王子として何不自由なく育てられていきます。

学問や武芸にすぐれた才能を発揮したブッダは、王を継ぐ者として周囲の期待を集め、十七歳で結婚し、ラーフラという子ももうけました。

その一方、ブッダは城の外へ出たときに民衆の暮らしにふれ、人々の苦しむ姿を目の当たりにしていました。

餓え、欲望、病気、老い、死。人々はそうした苦から抜け出すことができず、生きものは殺生の苦しみから逃れられません。ブッダはこの世の現実を知ると深く憂い、苦悩したといいます。

「四門出遊《しもんしゅつゆう》」とよばれる伝承では、城の東門から出るとき老人に会い、南門より出るとき病気の者に会い、西門を出るとき死者の葬列に会い、北門から出たときに沙門《しゃもん》（出家修行者）に出会い、世俗の苦や汚れから離れた沙門の姿を見て出家の意志を持つようになったといわれています。

そして二十九歳のとき、妻子も王位もすべて捨てて、出家する決意をします。反対する父親を残し、愛馬カンタカにまたがって城を出たのです。

六年間の修行の末に「悟り」を開く

ブッダは、煩悩を捨て、悟りの境地に達するため、ひたすら修行に努めました。はじめは何人かの高僧たちを訪ねて教えを仰ぎましたが、ブッダは教えをすぐに会得してしまい、また彼らの教えでは真の悟りは得られないと知ると、断食や苦行を

誕生釈迦仏立像

ブッダはいまから2500年ほど前、シャカ族の王子として生まれた。誕生後すぐに7歩歩いて、天と地を指差したといわれる。

重要文化財：大報恩寺蔵

自分に課して肉体に苦難を与える苛酷な修行生活に入っていきました。

インドにはこの苦行するブッダの姿をモデルにした「苦行釈迦像」とよばれる仏像がありますが、骨と皮ばかりの体が当時の苦行の凄まじさを物語っています。

厳しい修行は山中で六年におよびました。しかし、このまま難行苦行をつづけても苦は解決できず、悟りも得られないと知ったブッダは、山を下りることを決意します。その頃のブッダの体は長年の苦行や断食で衰弱しきっていました。身を清めるために川で沐浴していると、スジャータという名の村娘が通りかかり、乳粥の施しをしました。

やがて心身ともに回復したブッダは、ガヤー（のちのブッダガヤー）という地のピッパラ樹（のちに菩提樹とよばれる）の下に座り、静かに瞑想に入ります。

ブッダはこのとき「いま、悟りを得られなければ生きてこの座を立たない」という決意だったといいます。彼の心を乱そうとする悪魔の執拗な襲撃と闘いながら、七日目の夜明け（十二月八日未明）、深い瞑想の中でブッダはついに悟りを開きます。真理に目覚め、「仏陀」となったのです。

ブッダが悟りを開いたことを「成道《じょうどう》」といいます。

菩薩半跏像

ブッダは王子として何不自由のない生活をしていたが、人生に深く悩むようになり、29歳で出家を決意した。「菩薩像」は悟りを開く前のブッダがモデルとされ、インドの王族の衣装や装飾品を身に付けているのが特徴。

重要文化財：東京国立博物館蔵 Image:TNM Image Archives

「仏教」のはじまりとなる鹿野苑での説法

悟りを開いたブッダは、鹿野苑《ろくやおん》（サールナート）という地で最初の説法をします。相手は六年の間ほとんど行動を共にしてきた五人の比丘《びく》（修行僧）でした。

彼らはブッダの父シュッドーダナがブッダの警護を兼ねて同行させた比丘で、共に山中で修行する身になっていました。しかし、修行をやめて山を下りたブッダに彼らは失望していました。苦行に耐えられず修行を放棄したものと思い込んでいたのです。

その五人に、ブッダは真理の教えを説きました。

五人はその四諦八正道《したいはっしょうどう》にふれた「真理のことば」に深く心を動かされ、教えを受けるためにブッダを師と仰ぐようになりました。

ここにブッダとその弟子が初めて誕生したのです。この最初の説法がなされたことを「初転法輪《しょてんぽうりん》」といいます。

このときをもって、ブッダ（仏陀）の教え＝「仏教」が開かれたと言えるでしょう。

出家して六年、ブッダは三十五歳になっていました。

第二章

心を整え自分と向き合う

――本当の主人公とは

真実を真実と見ることができないなら心は救われない

不真実のものを真実と思い、
真実のことを不真実と見る人々は、
その誤った心にとらわれて、
ついに真理に達しない。

（法句経11）

「ないもの」を「ある」と見ていないか

ものごとを広く、ありのままに見て、真実を真実として素直に受け入れること。これは簡単なようでなかなか難しいことです。インターネットやテレビなどを通して、膨大な情報と知識の断片があふれかえる現代ではなおさらです。

「不真実のもの」とは、この世のすべては因と縁※により成り立ち、すべては変化しつづけるというブッダの教えを否定する考え（邪見）をさしています。ブッダが説く真の教えを邪見によって間違っているとするなら、ついに真理に達することはできない、つまり心の静寂を得ることはできない――というのです。

二〇一一年の大震災による原発事故は、「絶対に安全だ」と言われて信じてきたものが、じつは恐ろしく危険なものであったと多くの人に気づかせました。

私たちは不真実を真実と思い、それに気づきもせずにうかうかと過ごしています。真実をありのままに見るには、偏見と慢心を捨てること。そして都合よく流される情報を「知識」と思い込まず、「ないもの」をあると見たり、「あるもの」をないと見たりしていないか、ときどき自問してみることが大事でしょう。

※物事が生じる直接の原因である因と、間接的な条件である縁。

正しく生きるための
教えに会ったなら
苦しい夜はもう来ない

眠れない者に夜は長く、
疲れきった者に道は遠い。
正しい法を知らない愚かな者に、輪廻《りんね》は長い。

（法句経60）

心身を整えて苦を生む原因を断つ

仲間や恋人とわいわい楽しく語り合う夜はあっという間なのに、一人悩みを抱えて眠れずに過ごす夜は、果てしなく長く感じます。いつも通る道でも、身も心も疲れきっているときはふだんの何倍にも遠く感じます。

「愚かな者に、輪廻《りんね》は長い」とは、真の教え（法）を知り、それにしたがえば苦しみを生む輪廻を断つことができるのに、法を知らぬ愚かな者は輪廻の中で永遠にもがきつづけるということ。生あるものは、迷いの世界（六道）※で生まれては死に、生まれては死ぬことをくり返している――これを「輪廻転生《りんねてんしょう》」といい、悟りを得て「涅槃《ねはん》」に達しない限り輪廻から脱することはできず、「苦」から逃れることもできないというのです。

涅槃とは一切の苦しみ・束縛・輪廻から解放された安楽の境地のこと。私たちが涅槃へ往《ゆ》けるかどうか保証はありません。しかしブッダが説いた「執着を捨て、三業《さんごう》（身体・ことば・心）を整え、自己を制御しよう」というメッセージは、心静かに生きる術《すべ》を見失いつつある私たちにこそ、届いてくるのです。

※43ページ参照

自分を支え
救うのは
真の自分以外にいない

自己のよりどころは自己しかない。
他人がどうしてよりどころになろうか。
自己がよく整えられたとき、
得がたいよりどころを獲得する。

（法句経１６０）

主人公はちゃんと目覚めているか

禅の公案集として知られる※『無門関《むもんかん》』に「瑞巌主人公《ずいがんしゅじんこう》」という話があります。

瑞巌和尚は、毎日自分に向かって「おーい主人公」と呼びかけ、「ハイ」と自ら返事しては、「しっかり目覚めているか？」「ハイ！」、「これからも人に騙されたりするでないぞ」「ハイ、ハイ！」と、声に出して自問自答していたそうです。

この「主人公」とは映画や漫画などの主人公の意味とは違い、その人本来の主体的な人格のこと。禅門では「本来の面目《めんもく》」「真実の自己」などといいます。

つまり瑞巌和尚は、「本来の自己はちゃんと目覚めているか」「ぼんやりして何かに束縛されたり、自己の主体をなくしていないか」と毎日おのれに確認しては「ハイ」と返事していたわけです。ブッダが言う「自己のよりどころ」とはまさにこの「本来の自己・真実の自己」のこと。しかし現代に生きる私たちは、環境や過度な情報に影響され、自分の立ち位置すらボヤケ気味です。

自分のよりどころに不安を感じたら、「おい目を覚ましているか！」とときどき主人公を呼び出し、喝を入れてやる必要があるかもしれません。

※修行者が悟りを開くため課題として与えられる問題。祖師の言行録など。

百万の敵を倒すより
自己に勝つ者こそ
真の勝利者である

戦場において百万人の敵に勝つよりも、
唯一の自己に打ち克つ者こそ、
最上の勝利者である。

（法句経103）

克己心《こっきしん》によって自分を克服せよ

小学生のとき、ノートの一面に大きな字で「克己心」と書いたことがあります。何かの本でこのことばを目にし、辞書で意味を知った私は驚き、すごいものを発見した気分になりました。そこにはこんな説明がありました。

こっきしん［克己心］自分の怠け心や邪念に打ち勝ち、欲望をおさえる心。

自分の怠けグセや意志の弱さにいや気がさしていた私は、「じぶんに必要なのはこれだ！」と衝撃を受け、ノートに書いて、ときどき眺めて反省しようと考えたわけです。しかし、何回かはノートを開いて眺めたものの、怠け心も妄想癖《もうそうへき》も、意志の弱さもいっこうに直ることなく、大人になってしまいました。

百万の敵に勝つよりも、自分に打ち克った者こそ最上の勝利者だというのは、それだけ「おのれに克つ」ことは難しく、真に自己を克服した者は称賛され、祝福されるべき存在だということです。最上の勝利で得るのは「悟り」という安楽の境地です。そこまで望むのは無理でも、せめてときどきでも欲望を打ち負かす自分を作るため、この句をかみしめておきましょう。

自分に打ち克った人の勝利は神も悪魔もゆるがすことはできない

自己に打ち克つことは、
他の人々に勝つことにまさる。
常に行いを慎み、自己を整えている人。
その人の勝利を敗北に転ずることは、
神もガンダルヴァも、悪魔も梵天《ぼんてん》もできはしない。

（法句経１０４・１０５）

欲望に勝ち真実の自己に返る

ここにも煩悩に引きずられている「自己」を克服する者への讃辞があります。

心を整え、自己を制した人がかちえた勝利は、神も悪魔もゆるがすことができない、勝利者はその悟りの境地から転ずることは絶対にない、と言うのです。

「ガンダルヴァ」とは音楽を奏で肉欲を好むインドの神で、「梵天」はここでは世界を創造したインド神話の神ブラフマーのことをさしています。※

紀元前の昔から、賢者や哲学者は「おのれに克つ」ことを最も重視していました。孔子は、弟子の顔淵《がんえん》の「仁《じん》とは？」という問いに、「己《おのれ》に克ち、礼に復《かえ》りて仁を為《な》す」と答えています（『論語』顔淵篇）。「克己復礼《こっきふくれい》」という熟語としても知られ、私情や自分の欲望に打ち克って、礼にかなった行いをするという意味です。

この「礼」は単に礼儀や社会の規範をさすのではなく、〝心におのずと生ずる自発的規範〟のこと。それは、私心・私欲を離れた人間本来の良心や真心のことであり、ブッダが説く欲や執着を離れ「真実の自己」（仏性）を照らし出せという教えと、見事に通じ合っていることがわかります。

※仏教では乾闥婆（けんだつば）とよばれる守護神（天部）である。

心身をよく整えてこそ本当の自分に出会える

自己こそ自分の主《あるじ》であり、
自己こそ自分の寄る辺《べ》である。
それゆえに、自分をよく整えよ。
商人が良馬を調教するように。

（法句経３８０）

あるがままの純粋な自分と出会う

わが主《あるじ》であり寄る辺であるというのは、本来の自己、つまり法句経160（64ページ参照）でふれた「主人公」のことです。主人公とは、他人の眼や世間の常識に合わせて装った自分ではなく、無心で自然で自由な、純粋な人格である〝本当の自分〟のこと。それはまた、だれにでも本来そなわっている「仏性《ぶっしょう》」※を意味しています。

大乗仏教では「一切悉有仏性《いっさいしつうぶっしょう》」（この世の生あるものはすべて仏となるべき性質をそなえている）といい、どんな人間でも、内に宿した仏性を目覚めさせることができれば、心安らかな境地（涅槃）へ往《ゆ》ける、という考えを強調します。

よい馬にも調教や世話が大事なように、仏性をよび覚ますにはまず自分をよく整えよ、とブッダは言っています。修行僧は、お経を読んだり、坐禅を組んだり、戒律を守ってさまざまな行《ぎょう》に取り組みます。それは仏性をよび覚まし、「内なる仏と出会う」ために心身を整える修行をしているわけです。

私たちにもできる方法として、坐禅を組んでみるのもおすすめです。心静かに坐ることをとおして、本当の自分に会えるかもしれません。

※仏になるべき資質、あるいは仏となる種子を宿していること。

熱い心と思慮深さを持ち
自己を抑えてつとめ励むなら
その名は高まる

心は奮《ふる》い立ち、思いは慎ましく、
行いは清く、よく考えて動き、自己を抑制し、
正しい法にしたがって、つとめ励む人。
その名声は高まる。

（法句経24）

わがままを抑えて心を静かに保つ

「つとめ励む」とは、好き勝手なことをせず、怠ることなく、為《な》すべきことをなすということ。古くは「不放逸《ふほういつ》」と訳され、『法句経』をはじめさまざまな経典に出てくることばです。要は「放逸（勝手気ままなふるまい、わがまま）をやめて精励努力する」ということ。次のようなことばも知られています。

愚かな人は放逸にふける。
思慮深い人は、最上の宝物を守るように不放逸を守る。
放逸にふけるな、愛欲と歓楽に親しむな。
怠ることなく心を静かに保つ人は、大いなる安楽を得る。（法句経26、27）

勝手気ままな行動をやめて、つとめ励み、心静かに暮らすなら、大安楽が得られるというのです。中国浄土教の祖・善導大師《ぜんどうだいし》は、「きれいな花に惹《ひ》かれて、それを手折《たお》ってしまえば、花はじきに枯れてしまう。そのままにしておけば美しさはもっと保てるのに」と放逸を戒めました。いっときの歓楽に心を奪われず、わがままを自制すること。それこそ心の平安への入口なのです。

真の教えを学ぶ人は
真っすぐな矢のように
ぶれない心を作ることができる

心はふるえ、動揺し、守りがたく、制しがたい。
智慧ある人はこれを正す。
矢作りの職人が、矢を真っすぐにするように。

（法句経33）

何があっても「ぶれない人」になる

心は怯《おび》えやすく動揺ばかりしている。傷つきやすいのに守ることも難しく、制御《コントロール》するのも容易ではない――。こういう一節にふれると、「そのとおりです」と頷《うなず》いてしまいます。若いときはもちろん、年をとっても「心」は御《ぎょ》しがたく厄介なもの。わが心はいつも不安と不満を抱え、目標を定めてもつい楽な方を向いて怠けてばかりいます。修行も悟りも賢者も、私のような凡夫《ぼんぷ》には遠い世界……。しかし、だからこそブッダのことば（真の教え）が寄る辺となります。

さて、弓矢の矢の幹の部分を矢柄《やがら》といいますが、これが真っすぐでなければ矢を放ってもぶれてしまい、真っすぐに飛んでいきません。智慧《ちえ》ある人（ブッダの教えをわがものにした人）は、矢作りの匠《たくみ》が矢柄を真っすぐ仕立てるように、心をちゃんと正すことができる。すなわち智慧ある人は自らを整え、何事にも動じない「ぶれない心」を持つことができる――とブッダは言っています。

ぶれないとは、思い込みや自分勝手な頑固さとは違います。ぶれない人、それは常に心を静かに保ち、信念を持って生きる人のことです。

心をよく制御できる人には安らかな日々が待っている

心はとらえがたく、軽々と動き、
欲するがままにおもむく。
心はしっかり**制御**するのがよい。
制御された**心**は安楽をもたらす。

（法句経35）

心のコントロールが可能になれば

人の心は同じところにじっとしていません。

笑っていたかと思えば、ふとしたことで怒りだしたり、好ましく思っていた人が急に憎らしくなったりします。でも、じっとしていないからこそ、悲しみに心がふさがれても、いつかは笑って立ち直ることができます。

もし感情が変化しないのなら、怒りや悲しみから死ぬまで解放されない人も出てくるでしょう。そんな人生は耐えがたいはず。日々、喜怒哀楽の変化があるからこそ、私たちは人間らしく生きていけるとも言えます。

ただし、「※心猿意馬《しんえんいば》」と言うように、心は放っておくとウロウロ動き回り、汚れたり傷ついたりします。「そうならぬよう制御しよう」とブッダは言いますが、問題は〝心を心で制御する〟のは非常に難しいこと。だから仏教ではまず「身体・ことば・心」をさまざまな行《ぎょう》によって整えます。禅宗では「坐禅」を組むことで心の制御を実現しようとしました。ひたすら坐ることで得られる身と心の静謐《せいひつ》は、悟りの世界の入口であると同時に、悟りそのものでもあります。

※「心は猿《ましら》のごとく、意は馬のごとし」という意味。煩悩に心が乱されること。

沈黙しようと
多く語ろうと少なく語ろうと
人は常に非難を浴びる

アトゥラよ、これは昔から言われることで、
いまに始まることでもない。
黙している者も非難され、多く語る者も非難され、
適度に語る者も非難される。
世に非難されない者はいない。

（法句経２２７）

ただ賢者の評価だけを受けとめよう

アトゥラとは信者の名で、「昔から人は非難されるものだ。黙っていても、どのように何を語ろうと非難されるのがならいなのだ」とブッダが教え諭《さと》しており、『論語』の孔子と弟子の対話を思わせるような雰囲気があります。

どんな分野でも、人が何か行動を起こすと、必ず反対したり非難する者が現れるのは、二千五百年前も現代も、あまり変わっていないようです。

道元禅師のことばに、「恥ずべくんば明眼《めいげん》の人を恥ずべし」というのがあります。思慮のない人々の非難、悪口、ほめことばなどどうでもよい。ただ人生の真理をあきらかに見る人の眼を怖れ、自分の行いを慎めということです。

ブッダも、「愚かな者たちの非難や称賛には限りがない。ただ賢者によって非難される者こそ『非難される者』とよび、賢者に称賛される者こそ『称賛される者』とよぶのである」と言っています。私たちはほめられれば嬉しい一方、悪口を言われるとつい心がへこみがちです。しかし無責任な非難など聞き流せばいい。ただ賢者＝明眼の人の評価だけをしっかり受けとめればいいのです。

ただ非難されるだけの人はいない
ただ称賛されるだけの人もいない

ただ非難されるだけの人、
また、ただ称賛されるだけの人は、
過去にもいなかったし、未来にもいない。
現在にもまたいない。

（法句経228）

「八風《はっぷう》」にも動じない心で

自分は周囲に非難され、否定されてばかりいる——。

もしあなたがそう思い込んでいても、あなたのよさを認めてくれている人もきっといるはずです。逆に、いつも周囲から慕われ、尊敬され、ほめことばかり浴びている人も、どこで非難されているかわかりません。ほめる人もいれば、誹《そし》る人もいる。人が浴びる評価というのはそういうものです。ブッダ自身がそうであったろうし、孔子やイエス・キリストもそうだったでしょう。

「八風《はっぷう》吹けども動ぜず」という禅語があります。八風とは人の心を惑わし、あおりたてる八つのもの——利《り》（意に叶うこと）、衰《すい》（意に反すること）、毀《き》（陰で誹《そし》ること）、誉《よ》（陰でほめること）、称《しょう》（目の前でほめること）、譏《き》（目の前で誹ること）、苦《く》（心身を悩ますこと）、楽《らく》（心身を喜ばすこと）で、私たちは常にこうした相反する風に吹かれて生きていくのです。風が変わるたびにグラグラ揺れているようでは人間的成長は望めません。どんな風にも動じない天辺《てんぺん》の月のように、自分の道を選んだら、つよい信念と不動の心を持って生きていくことです。

自分の未熟さを知る者は賢者の道にいる

愚か者が自らを愚かと知るならば、
すなわち賢者である。
愚か者でありながら、自らを賢者と思えば、
彼こそ愚か者とよばれる。

（法句経63）

虚栄を求めず謙虚に学ぶこと

真の愚か者とは「自分は賢者だ」「自分は正しい」と思い込んでいる者のこと。愚か者とされる人間でも、「自分は愚かだ」「私は何も知らない」という自覚を持つ者は、賢者とよんでいい――。つまりブッダは〝自分はどれほどの人間か〟と客観的に見る眼を持たない人間は愚か者だと言っているのです。

自分を賢者と思う人間には驕《おご》りや慢心があり、他人から学ぼうとか、正しい教えに学ぼうという謙虚な姿勢が欠けています。そうなるともはや成長は望めないでしょう。また、そうした人間ほど自分を偉く見せたがるのが常で、ブッダも、

愚か者は、虚栄心のゆえに、修行者の間では尊敬を欲しがる。僧院では権力を、信者の家では供養を欲しがる。（法句経73）

と辛辣《しんらつ》に指摘しています。一方「自分は愚かで未熟だ」と自覚する人は、学ぼうという姿勢があり、正しい教えにあえば吸収していきます。だから年を取っても成長でき、悟りへ近づくこともできるのです。自己を見つめつつ謙虚に学びつづける――賢者の生き方を望むなら、この姿勢を忘れないことです。

善き人は無駄なおしゃべりを好まない

善人はすべてにおいて執着がなく、快楽を求めてしゃべることもない。楽しいことであれ、苦しいことであれ、賢者は動じる様子がない。

（法句経83）

煩悩に火をつける無駄話はしない

善人や賢者というのは、悪や執着と縁を切り、心がすっかり清浄になった人のこと。その特徴を「よけいなおしゃべりはしないし、楽や苦にも一喜一憂せず泰然自若《たいぜんじじゃく》としている」と言うのです。

世間には、とにかくおしゃべりが好きな人がいますが、善人賢者は楽しみ（快楽）のためのおしゃべりや無駄話はしないということ。おしゃべりについては、道元禅師のこんな話が※『正法眼蔵随聞記《しょうぼうげんぞうずいもんき》』にあります。

「世間の人たちは雑談しているとたいてい〝猥談《わいだん》〟が始まり、それでいっとき気持ちを解放したりしているが、仏道修行者には固く禁ずべきことだ。ところが近頃の若い僧たちは、ときどき猥談をしている。けしからんことだ」と嘆いたあと、「はげしい悪業《あくごう》はかえって悟りに導くこともあるが、役に立たないおしゃべりは仏道の妨げである。まして猥談などすればよけいな煩悩も湧くだろうから重々気をつけるべきだ」と諭《さと》しています。たしかに人とのおしゃべりに刺激され、よからぬ妄想を起こすこともあります。もって戒めとしたいものです。

※道元禅師の折々の話を弟子の懐奘（えじょう）がまとめたもの。

急いで善を行え
心が悪を楽しむ前に

善をなすのを急げ、
心を悪から遠ざけよ。
善をためらっていては、
心が悪を楽しんでしまう。

（法句経116）

善を急いで心の弱さに勝つ

「善は急げ、躊躇《ちゅうちょ》してはだめだ。グズグズしていたら心は悪を楽しんでしまう」

ブッダがそう言うのは、心は放っておくと善より悪に惹《ひ》かれやすく、隙《すき》があればすぐ悪によばれてしまうから。

この悪とは、社会で犯罪とされる悪事のことよりも、怒りや貪《むさぼ》り、怠惰《たいだ》や放逸《ほういつ》といった心に生じる悪をさしています。若き日のブッダも、こうした悪を楽しんでしまう自分の心の弱さに苦悩していたのです。

油断していると、心はつい怠けたり楽をしたがります。毎日何の目標もなく過ごしていると、一日中ゲームに没頭したり、菓子を貪り食べたり、好きなだけ寝たり、性欲の解消ばかり考えたりしてしまうのです。そして自分の思いどおりにならないことが起こると、すぐ腹を立て、怒りをぶつけてしまいます。

そんな悪を遠ざけるために「意識して、急いで善を行え」と言うのです。躊躇していては悪によばれます。意識して、人のためになることをするのです。

怒りや貪りの衝動を感じたら、心を落ち着けてこの句を思い出しましょう。

怒らないことによって怒りに打ち勝て

怒りには、怒らないことによって打ち勝て。
悪には、善の行いによって打ち勝て。
物惜しみには、分かち合うことによって打ち勝て。
真実によって、虚言《きょげん》の人に打ち勝て。

（法句経223）

心の真のつよさを得る対処法

ここには「目には目を、やられたらやり返せ」という考え方とは対極の教えがあります。

怒りには、けっして怒りをもって返さないこと。この怒りは、腹立ちや憎悪だけでなく、苛立ちや不機嫌、嫉妬、敵意などを含めた「悪い感情」のことを言っています。怒りというのは向けられた相手だけでなく、周囲にも伝染します。怒りの応酬はどんどん悪いエネルギーを増幅し、しまいには人を破壊に向かわせてしまいます。それは人の心や肉体まで壊してしまうのです。

いまでは心理学の初歩でも学ぶようなことですが、それを最も早く理解していたのがブッダという目覚めた人なのです。悪には善によって勝て、とつづくこの句は、けっしてきれいごとを並べているのではなく、人はこのようにして克服していくなら〝何があっても心静かに生きていける真のつよさを得られる〟ということです。「目には目を」の対処法では、いっときは気分が晴れてもまたやり返され、その後ずっと「いやな気分」で生きていくことになるのです。

小さな善悪も軽視しない
水滴もやがて
水瓶《みずがめ》を一杯に満たすから

その報いは自分には来ないだろうと思って
悪を軽んじるな。
水が一滴ずつ滴《したた》り落ちれば、水瓶も満たされる。
水滴を集めるように、少しずつでも悪を積むなら、
愚か者はやがて災いに満たされる。

（法句経121）

悪に手を染めれば傷を負う

ごく小さな悪事でも、積み重なれば、水滴がやがて水瓶を一杯にするように悪で満たされてしまう——。

ブッダはここでも絶妙なたとえを用いて悪を戒めています。次の句ではこれと対称させ、小さな善事も積み重なれば水瓶を満たすとして、「善を軽視するな、少しずつでも善を積むなら、やがて福徳に満たされる」と言っています。

善に満たされる人と、悪を軽視して悪に満たされてしまう人との違いを、ブッダは〝自分で悪を取り去れるか否か〟の違いとしてこう表現しています。

　もしも手に傷がないならば、
　その人は手で毒を取り除くこともできる。
　傷のない人に毒は及ばない。
　悪をなさない人には、悪が及ぶことはない。（法句経124）

悪に染まった人は手に傷を負い、そこからどんどん毒が入り込んでしまう。しかし傷を負わなければ、悪への誘惑も自分で取り去ることができるのです。

人を教育するなら
自分の行いを正してから

まず自分を正しく整え、
然《しか》るのちに他者を教えよ。
そうすれば賢い人は、
煩い悩むことはない。

（法句経158）

その身正しければ令せずとも行わる

口ではたいそう素晴らしいことを言っても、ふだんの実際の行いがよくないようでは、人はついていきません。

この句は、「まずは自分が正しい行いをして徳を身につけ、そのあとに他人を教育しなさい」ということ。そのようにすれば、至らない点を指摘されたり、教えることと行動の矛盾を非難されて悩むようなことはない、というわけです。

教育者と生徒、上司と部下などの関係に当てはめてみれば、このまま現代でも通じることばです。昨今は、一部の教師や政治家など指導的立場の人の品性の低劣さがしばしば問題となり、「もっと徳を身につけて」などという古典的物言いでは追いつかないようなありさまです。

「その身正しければ令せずとも行わる」という孔子のことばもあります。これは、自身の行いを正しくすれば、命令をしなくとも人は自然としたがうものだという意味。他人を指導する前にまず自分の足元から正すこと。禅でいう「脚下照顧《きゃっかしょうこ》」（足元をしっかり見よ）ということばにも通じています。

他人を教えるように
馬車の御者のように
自己を整えよう

もし他人に教えるように自分でも行うなら、
自己はよく整えられて、
他人を整えることもうまくいくだろう。
じつに自己を整えるのは難しいことである。

（法句経159）

ただ手綱を手にするだけではだめ

ここで言っているのは、まず自分の心というのは御《ぎょ》しがたいということ。ではどうすればいいかというと、心の整え方を〝他人に教えるようにして〟自分に行うのがコツで、実際、他人を教えるときもうまくいくだろうと言うのです。要は自分を客観的に見て、自分を指導するように行えということ。

ブッダは、心安らかに生きるにはまず自己を整えよ、心を整えよ、とくり返し説いていますが、その難しさは自らの修行体験を通してだれよりも理解していたはずです。自分をコントロールする難しさをこんなふうにも言っています。

暴走しようとする馬車を制するように、
むらむらと生ずる怒りを抑える者、彼をわれは御者《ぎょしゃ》とよぶ。
他の者はただ手綱《たづな》を手にしているだけだ。（法句経２２２）

御者になれるのか、なれないのか。御者を望むなら、自分を客観的に見て、他人を教えるように「まず怒りを抑え、次に欲を手放し……」と段階を踏みつつ根気よく取り組むことです。ときにはビシッと鞭を入れることも必要でしょう。

快楽のあとの長い苦痛を賢者は知っている

たとえ金貨の雨が降ろうとも、
欲望が満足することはない。
快楽の味はほんの短く、
あとにつづくのは苦痛である。
賢者はそう知っている。

（法句経186）

一瞬の悦楽と引き換えに

名女優ジャンヌ・モローが主演した『死刑台のエレベーター』というフランス映画の古典があります。

不倫関係にある男女が、女性の夫を自殺に見せかけて殺し、愛の生活を始めようとします。しかし殺害して逃げる途中、男がエレベーターに閉じ込められてしまい、男を待つ女は不安を抱えながら夜の街をさまようという話です。オールドファンにはマイルス・デイビスの音楽とともに思い出される映画でしょう。

映画の冒頭にある愛のささやき以外、この不倫の男女には重く苦しい時間ばかりが流れます。まさに「快楽の味はほんの短く、長い苦痛がつづく」のです。

欲望が快楽を与えず、苦しみだけ与えるものなら、だれも欲望にとらわれることはないでしょう。金銭欲、食欲、性欲、名誉欲――快楽は短いのに、満たされる瞬間のその味が忘れられずに、次も、次もと求めてしまうのです。

欲望にとらわれてしまうのは悪女に惚れてしまった男性のようなもの。一瞬の喜びと引き換えに長い苦しみばかり待っています。賢い人はそう知っています。

性欲も怒りも心のそうじで片付けられる

愛欲に等しい火はなく、
怒りに等しい不運はない。
五蘊《うん》に等しい苦悩はなく、
寂静《じゃくじょう》にまさる安楽はない。

（法句経２０２）

性欲ほど激しい煩悩はない

『不思議の国のアリス』の「マッド・ティーパーティー（狂ったお茶会）」の場面に「三月ウサギ」というキャラクターが登場します。英国には「三月のウサギのように狂っている」という古い慣用句があり、ふだんおとなしいウサギも、三月頃に繁殖期が始まると行動が過激になって、手がつけられなくなることからきたそうです。この句の「愛欲に等しい火はない」とは「性欲ほど激しい煩悩はない」ということ。「怒り」は寂静の反対にある心、そして「五蘊《※ごうん》」は万物を構成する要素、私たちの存在そのものと言ってよいでしょう。

生きているかぎり私たちには欲望があります。食欲、睡眠欲は生きていくのに欠かせず、文明の発展も欲望が支えてきました。でも欲望が過度になったらどうでしょう。結論は自明です。原発事故の問題に代表される環境問題などは、人間の際限なき欲望が、ついには人類の滅亡さえ導きかねないことを示しています。燃えさかる心の火（煩悩）とどう付き合うか。「寂静にまさる安楽はない」というブッダのことばをいまいちどかみしめたいものです。

※色・受・想・行・識（肉体・感覚・思考・感情・心のはたらき）をいう。

四つの真理を知り
八つの正道を守ること
それが悟りへの道

仏と法と僧に帰依《きえ》する者は、
正しい智慧をもって聖なる四つの真理を見る。
すなわち、苦しみと、苦の成り立ちと、
苦の超越と、そしてまた
苦の超越に至らせる聖なる八つの道を。

（法句経190・191）

悟りへと導く四諦と八正道

仏教では苦の根本の原因は「無明《むみょう》」にあるとします。この無明の闇を破るのが智慧の光で、ブッダは「仏・法・僧に帰依する者は、智慧を得て四つの真理と苦を超越する八つの方法を得る」と言っています。四つの真理とはブッダが人々に最初に説いた次の四つで「四諦《したい》」（諦は真理の意味）とよばれます。

「苦諦《くたい》」……人が生きることの本質は苦である。
「集諦《じったい》」……その苦の原因は執着・欲望などの煩悩にある。
「滅諦《めったい》」……この苦を滅することで悟りの境地が開かれる。
「道諦《どうたい》」……その悟りに導くのが正しい八つの道である。

八つの道は「八正道《はっしょうどう》」とよばれ、「正見《しょうけん》」（正しい見解）・「正思《しょうし》」（正しい思考）・「正語《しょうご》」（正しいことば）・「正業《しょうごう》」（正しい行動）・「正命《しょうみょう》」（正しい生活）・「正精進《しょうしょうじん》」（正しい努力）・「正念《しょうねん》」（正しい気づかい）・「正定《しょうじょう》」（正しい精神統一）という八つの実践法です。このように仏の教えは非常にシンプルで公平です。まず真理に目覚めることで無明の闇は明け、だれにでも悟りへの道が開けるのです。

淫らなことを一つするたび
君は汚《けが》れていく

不義は、婦人の垢《あか》である。
物惜しみは、布施する者の垢である。
悪しき行為は、じつに
この世でもあの世でも汚れである。

（法句経２４２）

仏に手を合わせ汚れを遠ざける

僧侶で作家でもある瀬戸内寂聴さんが、「合掌する姿は、人の最も美しい姿勢」と、ある本に書いていました。手を合わせ、身も心も捧げて祈る姿。それはまた「悪いことができない姿勢」だと言っています。

合掌したら、武器を持てないので相手を攻撃できません。飲酒もできないし、煙草も吸えない。性的な行為もできません。合掌は、必然的に仏道の戒律が守れる姿勢なのだというのです。

たしかに、合掌しながら悪事を考えたり、よからぬ妄想に浸ったりする人はいないでしょう。礼拝で合掌するとき、右手は仏の象徴で、清らかなものや智慧を表し、左手は衆生《しゅじょう》、つまり不浄で愚かな自分を表すといいます。両手を合わせることで仏と一体になることを祈り、また仏への帰依《きえ》を示しているのです。

不義（淫らな行為）、物惜しみ、悪の行為は人の汚れだとブッダは言います。油断するとすぐ人は汚れます。しばしの間でも清らかな自分を取り戻すため、合掌し、仏と一つになって瞑想する時間を持ってみてはどうでしょうか。

ブッダの歩んだ道 2

「苦」を滅して生きる教えを説く

十大弟子も現れ一大教団を形成

ブッダは、真理の教え（法）によって人々を苦しみから救うことを生涯の目標とし、インド北東部の各地を巡って伝道をつづけました。

最初の説法を聞いた五人の弟子たちは、厳しい修行を経て悟りを開き、その後も弟子たちは続々と増えて教団が形成されました。

のちに十大弟子とよばれる高弟たちも現れます。その中には、智慧第一といわれ「般若心経」にも登場する舎利弗《しゃりほつ》（シャーリプトラ）や、神通《じんづう》第一といわれ教団の組織化に尽力した目連《もくれん》、ブッダ入滅後に教団の中心的人物となった摩訶迦葉《まかかしょう》などがいました。

如来立像

悟りを開いたブッダは精力的に布教活動をつづけた。これは2～3世紀にガンダーラで作られた釈迦如来像。彫りの深いギリシャ風の美しい容貌のブッダである。

東京国立博物館蔵 Image:TNM Image Archives

ブッダや弟子たちは、初期には托鉢しながら各地を遍歴して伝道活動をしましたが、次第にマガダ国の王舎城や、ビンビサーラ王が寄進した竹林精舎など、布教や修行の拠点となる場所も増え、これがのちの僧院の原型となりました。

サールナートの僧院跡、王舎城の城壁跡、祇園精舎や竹林精舎の遺構など、インドには現在でもブッダの伝道にまつわる遺跡が数多く残されています。

ブッダはどんな人物だったのか

ブッダの生涯や人物像については、後世の信者によりさまざまな脚色、肉付けがされ、どこまで実像が伝えられているのか、いまとなっては定かではありません。しかし、その行動、ことば、身ぶりなどのすべてが人々の模範となったと伝えられ、その身体的特徴は偉大な人物の相とされる「三十二相」の特徴を持つと経典に記されています。

仏像や仏画はこうした特徴をふまえて作られており、釈迦如来像の造形が極端に異なったりせず、共通の特徴をそなえているのはそうした決まりごとに準じているからです。ではその「ブッダの三十二相」とはどんなものかを紹介します。

如来の特徴をあらわす「ブッダの三十二相」　※一般に伝えられているもの

1 足の裏の肉付きがよく扁平である。
2 足の裏に法輪と吉祥相の模様がある。
3 手や足の指が長い。
4 かかとが広く平ら。
5 手足の指の間に水かき状の膜がある。
6 手足がやわらかい。
7 足の甲が高い。
8 膝が鹿のようにやわらかい。
9 腕が膝に届くほど長い。
10 陰部が体の中に隠れている。
11 両手の長さと身長が同じ。
12 体毛はすべて上向きに生えている。
13 毛穴に一本ずつ青い毛が生えている。
14 全身が金色に輝いている。
15 体から一丈（約3m）ほど光を発している。
16 皮膚は薄くなめらかである。
17 両手両足両肩と首筋の肉付きがよく丸みをおびている。
18 腋の下の肉付きがよい。
19 上半身に獅子のような威厳がある。
20 体が大きく端正に整っている。
21 肩がふっくらと丸い。
22 歯が40本生えている
23 歯がきれいに揃っている。
24 上下4本の白い牙をもつ。
25 頬の肉が獅子のように豊か。
26 何を食べても最上の味を味わえる。
27 舌が長広く、顔全体を覆うほど。
28 声が梵天のように美しい。
29 群青色の瞳をしている。
30 牛のように睫毛が長い。
31 頭頂部がコブのように盛り上がっている。
仏の智慧を表す。
32 眉間に白く長い巻毛（白毫）が生えている。

「自灯明、法灯明」の教えを残し八十歳で入滅

ブッダは四十数年もの長きにわたって伝道生活をつづけました。

八十歳のとき体調を崩し、クシーナガルの地でついに入滅のときを迎えます。

沙羅双樹に囲まれた寝床で、ブッダは頭を北に向け、右側を下にして横たわりました。弟子たちを前にした最後の説法は「自灯明、法灯明」の教えとして有名です。法とは正しい教えのこと。

「自らを灯明とし、自らをよりど

重要文化財：岡寺蔵　画像提供：東京国立博物館 Image:TNM Image Archives
Source:http://TnmArchives.jp/

ころとして他を頼りとせず、法を灯明とし、法をよりどころとして生きよ」という教えです。

ブッダの入滅を題材としたのが「涅槃像」や「涅槃図」で、いずれも右手を枕に、体の右側を下にして横たわるブッダの姿が描かれています。「涅槃」とは煩悩を離れた悟りの境地を意味しますが、ブッダの入滅、すなわち悟りの到達点をさすことばにもなっています。

ブッダの臨終の際のことばは、「すべては移り変るものだ。怠ることなく実践せよ」というものだったと伝えられています。

釈迦涅槃像

各地で伝道をつづけて 45 年、ブッダは沙羅双樹のもとで横になり、涅槃（入滅）を迎えた。涅槃像はみなこのように右側を下にして作られる。

☸経典の登場はブッダ入滅の数百年後

火葬されたブッダの遺骨は「仏舎利《ぶっしゃり》」とよばれています。

仏舎利はまず八つに分けられ、各地の部族長たちがストゥーパ（塔）を建てて祀ったといいます。のちにインドを統一し、仏教の発展に大きな役割を果たしたアショーカ王は、この仏舎利を細かく分けて各地に配り、八万四千の仏塔が建立されたといいます。

師の入滅後、弟子たちはブッダの教えを口伝で語り伝えることで信徒を増やし、紀元前三世紀頃には、仏教は全インドに広まっていきました。

ブッダ没後数百年の間は、そのようにして弟子たちの記憶暗唱で教えが受け継がれていきました。しかし、それでは教えが正しく伝わらないなど問題が生じるとして、弟子たちが集まり、口伝・暗唱を確認しながら教えを聖典として残すための会議が持たれました。この比丘たちの集まりを「結集《けつじゅう》」といいます。

その後日本に伝わった経典の大部分は、こうして紀元一世紀前後に成立したといわれます。

第三章

いまここで精一杯生きる

——過去でも未来でもなく

怠ることなく
自分ができることに精一杯励め
それが君自身を救うことになる

努力して生きるのは不死の道である。
怠けつつ生きるのは死の道である。
努力しつつ生きる人は死ぬことがない。
怠けつつ生きる人はすでに死者に等しい。

（法句経21）

人生を最期まで怠けずに生きる

三十四歳の若さで逝《い》った俳人・正岡子規《まさおかしき》は、病（結核による脊椎《せきつい》カリエス）に臥《ふ》したままの自分の世界を「病牀六尺《びょうしょうろくしゃく》」とよび、病苦と闘いながら俳句や短歌、日記、随筆を書きつづけました。亡くなる前の三年間はほぼ寝たきりとなり、寝返りも打てぬ激痛に襲われながら、それでも書くことをやめませんでした。

晩年、随筆に子規はこんな一文を残しています。

「余は今まで禅宗のいわゆる悟りという事を誤解していた。悟りという事は如何《いか》なる場合にも平気で死ぬる事かと思つていたのは間違いで、悟りという事は如何なる場合にも平気で生きている事であつた」（『病牀六尺』六月二日）

どんな局面にあっても平気で生きていること。泰然として死ぬのではない、生きるのだ――これも一つの悟りであり、死と向き合った者だけが残せることばでしょう。ブッダは「つとめ励みながら生きることこそ不死の道だ」と言っています。不死は生も死も超えた安楽の境地、「涅槃《ねはん》」です。どんな境涯にあっても最期まで生きることを怠けず、やるべきことをやる。心はそうして救われるのです。

善なる行いをしている人には
いまも未来も喜びがともなう

善いことをした人は、この世で喜び、
来世で喜び、二つの世で喜ぶ。
自分の行為の清らかなことを見て、
彼は喜び、彼は楽しむ。

（法句経16）

人生の喜びをもたらす日々の「善」

善《よ》い行いとは何でしょう。一つ言えるのは、心に自然と喜びが生じることかもしれません。善行を支えるのは、思いやり、やさしさ、真心といった人の心のいちばん大切な部分でしょう。あくせくした毎日ではつい忘れがちですが、だれでも本来持っているはずの純粋な部分です。人は、自分がその純粋な部分に突き動かされて行動を起こしたとき、心に喜びが生じるのです。

階段で難儀《なんぎ》していたお年寄りに手を貸した、電車で妊婦さんに席をゆずった、恵まれない子どもたちに文房具を贈った——。そんな些細《ささい》なことでも、自分が自然に行動を起こしていたことに気づくと、ちょっと嬉しくなるものです。その程度の行動でほんわかするのは〝人間が未熟〟なのかもしれませんが、いいことをしたときはなんとなく心がすっきりします。思いがけず感謝されたりするとなお嬉しくなるし、そういう単純な部分が人間にはあるのです。

ブッダも「善」には喜びがともなうと言っています。心の純粋な部分にしたがって日々善き行いをすれば、人生は喜びに包まれ、その歓喜は持続するのです。

他の人をあれこれ言うな
自分がやるべきことをしたかどうか
それだけを問え

他人の過ちを見てはいけない。
他人がしたこと、しなかったことを見るな。
ただ自分のしたこと、
しなかったことだけを見るがいい。

（法句経50）

いま自分がなすべきことを

道元禅師が、中国（宋）の天童山《てんどうざん》で修行中だったときのエピソード。

ある夏の日、年老いた典座《てんぞ》（禅宗の修行道場の炊事担当の僧）がレンガ敷きの広場で汗だくになって椎茸《しいたけ》を干していました。杖をつき、腰は弓のように曲がった年寄りが、炎暑の中汗だくになって作業しているのです。道元はこれを見かねて、「なぜ下働きの者にやらせないのですか？」と問うと、老典座は「他は是れ吾に非ず」（他の人は私ではない）とただ一言ことばを返しました。

他人は自分の代わりにはならない、人にやらせたのでは自分の修行にはならない、いま私はこの作務《さむ》を通して修行をしているのだ――。老典座の一言はのちの道元に「いま自分がなすべきことをやる」という修行の本質を覚らせることになりました。ブッダも「他人の過ちや他人のしたこと、しなかったことに気をとられるな。自分が何をして、何をしなかったかだけを見よ」と言います。

私たちの日常でも同じです。他人のことをとやかくあげつらう前に、まず自分がやるべきことをやりきっているか、それを自問すべきでしょう。

他人への怨みを抱えている者に幸福はけっしてやってこない

彼は私を罵《ののし》った、私を打った、
私を破った、私から奪った。
そうした執念を抱えている人に、
怨みがついに消えることはない。

（法句経3）

怒りや憎しみにとらわれるな

『法句経』の最初の章は、善と悪、清と濁など相反するものが対句となっており、この句のあとにはこうあります。

彼は私を罵った、私を打った、私を破った、私から奪った。
そうした執念を抱えない人に、怨みはついに消える。（法句経4）

自分を傷つけたり自分をおとしめた相手に対し、怒りや怨みを持つのは普通の感覚でしょう。持たないほうがおかしいくらいです。それでもブッダは「やられた相手に執着するな、怒りや憎しみにとらわれるな、とらわれをやめれば怨みは消える」と言っています。これはブッダの実体験から出たことばではないかと、私は勝手に想像しています。実際、ブッダが生をうけたシャカ族は、ブッダの存命中、隣国のコーサラによって滅ぼされましたが、ブッダは報復しようとはしませんでした。だからこそ「怨みを持つことは自分の心が汚《けが》れることで、苦しみしかもたらさない」と説くことができるのです。遺恨《いこん》を抱えた報復戦争などは典型ですが、人は怨み憎しみを抱えている限り、結局「苦」から逃れられないのです。

優れた友に出会わなかったら
あえて独《ひと》りで行くがいい

道を歩むとき、自分より優れた者か自分にひとしい者に出会わなかったら、あえて独りで行くがいい。
愚かな者を道連れにしてはならない。

（法句経61）

無常迅速、無駄にする時間はない

愚かな者を友にするな、自分より劣る者と無益な時間を過ごすくらいなら、むしろ独りで行け、という戒めのことばです。ここで愚かというのは、仏の教えを理解せず、いまだ煩悩にまみれている者をさしています。

多少愚かでも楽しい人間なら旅の道連れにしてもいいじゃないか……というのは私たち凡夫※の考えること。『法句経』の句のほとんどは家や家族を捨てて出家する者に向けられているので、ブッダのことばに妥協はありません。

禅寺で合図につかう木の板（版）には「生死事大《しょうじじだい》、無常迅速《むじょうじんそく》、各宜醒覚《かくぎせいかく》、慎勿放逸《しんもっほういつ》」ということばが書かれています。「生死の真理を明らかにすることこそ重大事、時はすみやかに過ぎていく、自覚的に時を過ごし、放逸《ほういつ》であってはならない」という意味で、修行僧は常にこれを念頭においてつとめ励みます。

私たちものんびり構えている余裕はないはずです。友人知人は宝ですが、何ら得るもののない相手と暇つぶしのような付き合いをするなら時間の浪費です。「無常迅速」を肝に銘じ、自らの過ごし方をときどき見直すことも大事です。

※愚かな人。凡俗の人。仏の教えを理解せず煩悩に迷わされた者のこと。

舟にたまる水を汲《く》み出し
理想の岸に舟を進めよう

修行僧よ、この舟の水を汲み出せ。
汲み出したなら、舟は君のために早く進むだろう。
貪《むさぼ》りと怒りを断ったなら、
君はニルヴァーナへおもむくだろう。

（法句経369）

邪念を捨てれば舟はすみやかに進む

これは出家した修行僧（比丘《びく》ともいう）を励ます句であり、私たち現代の凡夫を励ますことばでもあります。

「この舟」とは個人の存在をさしています。「水を汲み出せ」とは、心にうずまく邪念をかき出せ、誤った考えをかき出して捨てろと言っているのです。舟は俗世間（こちらの岸＝此岸《しがん》）から涅槃《ねはん》（向こう岸＝彼岸《ひがん》）へ渡るためのもの。修行僧は彼岸を目指して舟を漕《こ》ぎます。

ところが舟底から水が入り、舟は重くてなかなか進みません。その水こそ修行僧の悟りを邪魔する邪《よこしま》な考え、邪念であると言うのです。この水をかき出せば舟は一気に軽くなってすいすい進み、そして貪りと怒りをすっかり捨てたなら、激流を渡りきり、涅槃（ニルヴァーナ）へおもむくことができるのです。

多忙な毎日の中で心の安らぎを求めている私たちも、修行僧なようなものかもしれません。欲も怒りも捨てきれず、苦悩と困難ばかり多いのが凡夫の悲しさ。それでも舟にたまる水をせっせとかき出し、前へ進んでいきましょう。

大事なことを伝えたいなら
自らの経験を通して語れ

たとえ多くの教えを語ろうとも
それを実践せずに怠っている人は、
他人の牛を数える牛飼いのようなもの。
彼は修行者の仲間には入らない。

（法句経19）

自ら実践した教えこそ心にひびく

他人の牛を何度数えても自分の財産にはならないし、その肉やミルクを味わうこともできません。どれだけ多く学び、それを語ったとしても、自ら実践しない者は本物の修行者ではないとブッダは言います。こんなことばもあります。

色うるわしく咲いても、香りのない花があるように、
実行しない人のことばは、いかに美しく説かれても実りがない。（法句経51）

仏教は、唯一絶対の神を崇拝する宗教ではありません。いわばこの世を心安らかに生きるための知恵の集成です。どんなに立派なことばでも、実践されたことのない教えや、成果を検証されたことのない教えでは意味がないのです。

ブッダの教えは、抽象的な思想でも独善的な理論でもなく、すべて自ら経験したことに基づいていました。煩悩に流された若き日の苦悩、長く苛酷《かこく》な修行体験、坐禅瞑想を通して到達した「悟り」の境地、どれもが自ら経験した世界で、そこからつかみ得た真理だけを説いていったのです。だからこそ、そのことばは人々の心をとらえ、時を超えた現代の私たちの心にもひびくのです。

最高の教えと出会う一日が一生を価値あるものにする

最上の法を見ることもなく
百年生きながらえるより、
最上の法を見て
一日生きるほうがまさっている。

（法句経１１５）

無駄な百年より最高の一日を

「最上の法を見る」とは、最高の教えを知る、教えの真髄を会得するということ。

道元禅師は、日々の生活そのものが教えの実践であり、実践こそが仏の教えを顕現させるとして、「行持《ぎょうじ》」ということばを使っています。それは「真理を行い持《たも》つこと」が重要という意味です。『正法眼蔵《しょうぼうげんぞう》』にはこう記《しる》されています。

「いたずらに百歳生けらんはうらむべき日月なり、かなしむべき形骸なり。たとひ百歳の日月は声色《しょうしき》の奴婢《ぬび》と馳走《ちそう》すとも、そのなか一日の行持を行取《ぎょうしゅ》せば、一生の百歳を行取するのみにあらず、百歳の他生《たしょう》をも度取《どしゅ》すべきなり。この一生の身《しん》命《めい》はたふとぶべき身命なり、たふとぶべき形骸なり」

百年生きたとしても、実りのない無駄な一生であればじつに空しい。たとえ声色（さまざまな誘惑）の奴隷となって百年を無自覚に過ごしても、その中でたった一日でも自覚を得て正しい行持を行うならば、その生は意味のある尊ぶべきものとなる――。「最上の法を見て一日生きる」とは、そのたった一日で一生を輝かせるほど価値のあること。そんな一日をわが人生にも作りたいものです。

先に憂いを残さぬよう「いまこのとき」を生きる

若いときに財を得ず、
梵行《ぼんぎょう》に励むことがなければ、
魚のいなくなった池の老いた鷺のように、
やせて滅びてしまう。

（法句経155）

「老少不定《ろうしょうふじょう》」のことわりを忘れず

人の寿命がいつ尽きるのかは、だれにもわかりません。

寿命に定めはなく、老人が先に死に、若者はずっと後で死ぬとは限らないことをいう「老少不定」ということばもあります。

「いまが楽しければいい、人生はどうせ短いのだから」と若いうちにさんざん遊んでお金を使い、老後のことを考えずに放蕩《ほうとう》する人もいるでしょう。しかし寿命というのは、本人の都合のいいときに終わってくれるわけではありません。

「梵行《ぼんぎょう》」とは淫欲を断つ修行のこと。若いうちに散財し、身の清浄を保つ努力もせずに年を取ってしまうと、最後の居場所は「魚のいない池」のような淋しいところになりかねません。「老少不定」のことばは、この先人生がどうなるかはわからない、それゆえ先に憂いを残さぬよう「いまこのとき」を真摯《しんし》に生きよと教えています。道元禅師も次の歌を遺しています。

徒《いたずら》にすごす月日はおほけれど　道をもとむる時ぞすくなき

いまこの貴重な時間は、本当に取り組むべきことに費やすべきなのです。

いま何をすべきかを知り大事な目的を優先せよ

他人の目的がいかに大事なことでも、
自分の目的をおろそかにしてはならない。
自分の目的を熟知して、
常に自分の目的に専心せよ。

（法句経166）

何を尊重し優先すべきか

この句には、このような因縁話があります。

ブッダが祇園精舎《ぎおんしょうじゃ》（ジェータ林）に住んでいたとき、入滅が近いことを覚《さと》って、比丘《びく》（出家僧）たちを前に「私はいまから四か月後に入滅する」と告げました。

比丘たちは驚き、嘆き、ブッダのそばを離れられず、「今後われわれはどうすればいいのか」と相談し合いました。一人アッダバッタ長老だけが、「自分はまだ修行中の身だ、仏の入滅前に阿羅漢果《あらかんか》（涅槃《ねはん》に入ることができる境地）を得るためできるだけ努力しよう」と比丘たちとは別の行動をとりました。

比丘たちは「こんなときに、なぜわれわれのところへ来ないのですか」と言って長老をブッダのもとへ連れて行きました。ブッダは長老の考えを聞くと、「もし私への愛情があるならアッダバッタ長老のようにすべきです。法の実践につとめてこそ私を供養することになるのです」と長老を称賛しました。

この句はそのとき生まれ、「他の大事な用事ができても、自分の目的をよく知り、それに専念してこそ大きな目的が達せられる」ということなのです。

人として生まれた
不思議さを思い
よりよく生きる道を求めよ

人間の身は受けがたく、
寿命あるものは生きがたい。
正しい教えは聞きがたく、
もろもろの仏は出現しがたい。

（法句経182）

いまを生きる確かな手がかり

科学が進歩して、人工生命すら作ろうと試みる現代では、「不思議」の範囲がずいぶん狭くなったような気がします。しかし、たとえば一口に「人間」といってもまったく同じ人間は存在せず、一人一人がたどる人生においては、縁や出会いの不思議さをはじめ、いまだ未解明のことが圧倒的に多いのが現実でしょう。

何よりもいまこの時代に生まれ、ここに生きていること自体が大いなる不思議なのです。「人間の身は受けがたく」というこの句も、私たちがいま生きて、仏の教え（法）にふれていることの不思議さ、ありがたさを伝えています。

ブッダが人々に説いたことばを読むと、それらはみな四苦八苦にまみれてのたうち回る私たちへの「慈愛」にあふれたものであることがわかります。

われわれが苦悩する同じような問題にかつてブッダも苦悩し、それを自ら乗り越えてブッダは「目覚めた人」となったのです。自らの体験にもとづいてのブッダのことばは、自己をよりどころとし（自灯明《じとうみょう》）、教えをよりどころとし（法灯明《ほうとうみょう》）、いまを生きていくための確かな手がかりとなってくれるはずです。

悪いことをせず
自分の心をきれいにする
これが仏の教えだ

いかなる**悪**も行わず、
善いことを行い、
自己の**心**を浄《きよ》めること。
これが**諸仏**の教えである。

(法句経183)

善を行い自らの意を浄めよ

　これは、禅門で日常に読誦するお経「七仏通戒偈《しちぶつつうかいげ》」のうたとして有名です。

　諸悪莫作《しょあくまくさ》（諸々の悪を作《な》すこと莫《なか》れ）　衆善奉行《しゅぜんぶぎょう》（衆の善を奉行し）

　自浄其意《じじょうごい》（自ら其の意を浄くせよ）　是諸仏教《ぜしょぶっきょう》（是れ諸仏の教えなり）

「七仏通戒偈」はこの短い四行だけの偈《げ》で、その意味は「悪いことを行わない、善いことを行い、そして自ら心をきれいにすること。これが仏の教えである」と単純明快です。しかし単純だからこそ奥は深いのです。

　中国・唐代の詩人、白居易《はくきょい》（白楽天《はくらくてん》）が禅の道を求め、仙人のような暮らしをしていた道林《どうりん》和尚を訪ねた話があります。白居易が和尚に「仏教の根本の教えとは何でしょうか」と問うと、即座に返ってきたのが「諸悪莫作、衆善奉行」のことば。あまりにも単純な答えに白居易は呆《あき》れ、「そんなことは三歳の幼児でも知っていることではありませんか」と反発したところ、和尚は平然と「三歳の子どもでも知っているであろうが、八十の老人でさえ行うことはむずかしい」と返したそうです。まさに「言うは易《やす》く、行うは難《かた》し」。これも仏教の深遠さです。

人を非難せず食事は質素に
独《ひと》り自分を見つめる時間を持つ

人を非難せず、傷つけず、戒律をよく守り、
食事には適量を知り、独り静かに坐り臥《ふ》し、
心を整えることにつとめる。
これが諸仏の教えである。

（法句経185）

日本人の生活規範を支えたもの

ここでは仏の教えによる生活がより具体的に述べられています。

戒律とは修行僧が守るべき生活規律で、自発的に守るべき「戒」と、場合によっては罰則もある他律的な「律」を合わせたもの。

この句の「戒律」を「道徳」に置きかえて再度読んでみると、この教えはまさに古くからの日本人の生活規範と重なっていることがわかります。

他人を声高に非難したり傷つけたりせず、道徳心を持ち、食事は質素にして、一人端坐したり、野山に身を置いたりして自分を見つめる時間を持つ。行住坐臥《ぎょうじゅうざが》（立ち居振る舞い）にも心をくばり、茶の湯や禅の精神を学ぼうとするのも、心を整えることの大切さを日本人がよく知っていたからでしょう。

僧侶が戒を堅く守ることを「持戒《じかい》」といいますが、それを実践していくうちに、〝自分が仏に守られている〟ことを実感するようになるとも聞きます。道徳もまた世の中全体の心の安定を守ろうとするものです。古い生活規範が崩れつつあるいま、あらためて道徳心に目を向けることが大切なのかもしれません。

幸福と出会い
喜ぶものはみな美しい

仏たちが現れるのは喜びだ。
正しい教えが説かれるのは喜びだ。
集団が和合しているのは喜びだ。
和合している人々が修行に励むのは喜びだ。

（法句経１９４）

「法悦《ほうえつ》」とは仏の教えに出会う歓喜

「喜者皆美《きしゃかいび》」とは、喜ぶものはみな美しいという陶芸家・河井寛次郎※のことばです。たしかに人が心から喜ぶ姿というのは美しいものです。赤ちゃんが生まれたときの家族の顔、長い努力を重ねてついにオリンピックの表彰台に登った選手の顔など、じつに美しい幸福な表情をしています。

さてこの句の因縁話を紹介すると――祇園精舎にブッダが住んでいたとき、五百人の出家僧が一堂に会して「この世の幸福とは何だろうか」と議論しました。「それは愛欲だ」「王位だ」「米や肉である」などさまざまな意見が交わされましたが、ブッダはこれを聞き、「それらはみな苦に属するもの。この世に仏が出現すること、法が説かれること、僧団が和合して喜びを共有すること、これこそ幸いというものです」と、いわゆる「仏法僧《ぶっぽうそう》の三宝」を説いたのがこの句なのです。

喜びと幸福感、心の安らぎは、みな一体となって人を美しく輝かせるものでしょう。うっとりするような喜びや陶酔を意味する「法悦」とは、文字どおり〝仏の教えを聞くことで心にわく歓喜〟を表したことばなのです。

 ※1890～1966。昭和を代表する陶芸家で彫刻、詩、随筆にも才能を発揮した。

その愛が苦を生むなら
愛する人とは会うな

愛する人とは会うな、
愛さない人とも会うな。
愛する人に会わないのは苦しい、
愛さない人と会うのも苦しい。

（法句経210）

執着する対象さえなければ

愛する人に会うのは喜びです。しかし、会えないことは苦を生み、会えない状態がつづくなら苦しみばかりが大きくなります。本気で恋愛をしたことのある人や、やむを得ぬ事情で家族と離れなくてはならなかった経験を持つ人なら、その苦しみはよくわかるのではないでしょうか。この句にはつづきがあります。

それゆえに愛する人を作るな。愛する人との別れは苦しい。
愛する人も憎む人もいない者には、煩いも苦痛もない。（法句経２１１）

別れは耐えがたい苦しみだ、だから「愛する人を作るな」とブッダの教えは明快です。でもそこまで言われると「ちょっと待ってくれ」と言いたくなる人も多いでしょう。生きているのに愛する人も持たず、愛する人と会わないなんて無理だし、そんな人生のほうこそ苦痛ではないか――。しかし仏教でいうこの「愛」は、「執着」とほぼ同意なのです。人を愛するのも憎むのも、好き嫌いにこだわるのも執着があるということ。その執着こそ「苦」の因であるゆえ、愛憎にのたうち回るより、執着しない生き方を自覚的に目指せと、ブッダは教えているのです。

利己的な愛を捨てれば憂いも恐れもなくなる

愛するものから憂いが生じ、
愛するものから恐れが生じる。
愛するものを離れた者は、
憂いはなく、もう恐れることもない。

（法句経２１２）

それは自分のための愛ではないか

仏教では「愛」ということばは「執着」「渇愛《かつあい》」とほぼ同意で、あまりいい意味では使われていません（愛語などの例外はあり）。代わりに仏教で愛情・慈愛を示すのは「慈悲」ということばです。

慈悲の原語は「慈＝マイトレーヤ（楽を与える）」と「悲＝カルナー（苦しむこと）」からきており、慈悲の心とは「与楽抜苦《よらくばつく》」、つまり人々を慈しみ、楽しみと安らぎを与えるもの。そして苦しみを取り除き、悲しみを共にする心をいうのです。仏さまの心を「大慈悲心」とか「大慈大悲《だいずだいひ》」というのは、その慈悲心こそ究極至上の愛であり、至上の思いやりとされているからです。

一方、私たちが愛とよんでいるものは、じつは自分の都合を優先した「利己的な愛」であることがほとんどなのです。相手の幸せを願うというより、「自分が幸せを感じたい、自分が満足したい、いい気持ちになりたい」という自分のための思いを愛だと思い込んでいませんか。思いどおりにならないと「憂い」、失うのではないかといつも「恐れる」ような愛は、煩悩の一つに過ぎないのです。

からだの怒りを封じ
おのれを忘れて他を利する

身体《からだ》が怒りを放つのを抑え守れ。
身体をよく制御せよ。
身体による悪い行いを捨て、
身体によって善行を修めよ。

（法句経231）

いまこそ慈悲喜捨《じひきしゃ》・忘己利他《もうこりた》の心

「身《しん》・口《く》・意《い》」の身を整え、身と心の全体で善を行えと教える句です。善とは、自分の利を考えず、他者の利にのみ寄与するよい行動を起こせということ。

仏教には「慈悲喜捨《じひきしゃ》」や「忘己利他《もうこりた》」ということばがあります。

「慈悲喜捨」は次の四つの心（四無量心《しむりょうしん》ともいう）が一体になったもの。

「慈」は貪《むさぼ》りの心をなくし、人が幸福になることを願う心。

「悲」は怒りの心をなくし、人が苦しんでいるときは助けようとする心。

「喜」は妬《ねた》みなどに苦しむ心をなくし、人の幸せを共に喜ぶ心。

「捨」は愛憎などの執着心をなくし、人々を差別せず公平に見る心。

仏道ではまずこれらの心を修め実践することが肝要とされます。

「忘己利他」は最澄《さいちょう》が残したことばで、「悪事を己に迎え、好事を他に与え、己を忘れて他を利するは慈悲の極みなり」（悪いことは自分が引き受け、よいことは他の人に与え、自分の利は忘れて他人の幸せをはかることこそ慈悲の極みである）という一節から。自分本位のこの時代にこそ、大切にしたいことばです。

ことばの怒りを封じ愛語で善を広げる

ことばが怒りを放つのを抑え守れ。
ことばをよく制御せよ。
ことばによる悪い行いを捨て、
ことばによって善行を修めよ。

（法句経232）

おだやかな顔と愛のことばで

ことばがむらむらと怒りを持たないようにするには、「和顔愛語《わがんあいご》」という仏教の特効薬があります。これは「おだやかな笑顔（和顔）とやさしいことば（愛語）」で常に人と接するということ。もとはお経にあることばですが、道元禅師はとくに「愛語」を重んじ、「愛語は愛心より起こり、愛心は慈心を種子とせり。愛語よく廻天《かいてん》の力あることを学すべきなり」（愛語とは慈悲を種子とする愛の心から起こるもの。愛語にはあらゆる困難を一変させる力のあることを学ぶべきだ）と言っています。愛語の「廻天の力」とは、たとえば怨敵《おんてき》の憎悪さえ打ち砕き、君子をして善の心に目覚めさせる力があるというのです。そしてこんなことばも。

むかひて愛語をきくは、おもてを喜ばしめ、こころを楽しくす。

むかはずして愛語をきくは、肝に銘じ、魂に銘ず。

面と向かってやさしいことばをかけられたら思わず顔に喜びがあふれ、心は楽しく嬉しくなる。人づてにやさしいことばを聞いたなら、嬉しさもありがたさも心に刻まれ、一生忘れることはない――。愛語はまさに愛のことばなのです。

心の汚《けが》れは
その都度こまめに落とす

聡明な人は、順次に少しずつ、
その都度その都度、
自分の汚れを除くことだ。
銀細工師が、銀の汚れを除くように。

（法句経239）

大事に到らずにすむように

「大事は小事より起こる」という『老子』のことばがあります。

どのような大事も、その最初はごく小さなことが原因となって起こるものだという意味で、「大きな過ちもいきなり起こるわけではなく、小さな過ちが積み重なった結果起こるものだ」という戒めとしても使われます。

銀は放っておくと黒ずんできますが、銀器の汚れをこまめに落とす銀細工師は、日頃から小さな汚れも軽視せず、いわば大事に到らぬよう危機管理をしているのです。居間や台所も、放っておけば少しずつ汚れがたまっていき、長い間そのままにしておけば、いざ掃除しようとしても汚れはなかなか落ちません。

心も同じで、放っておけば必ず汚れがたまります。知らないうちに怠惰、慢心、虚栄、貪《むさぼ》り、怨みなどの悪い汚れがつき、放置すれば大きな過ちや災いを招きかねません。「賢い人は自分の心を点検し、その都度汚れを落とすべし」とブッダは教えます。折々に少しずつでも善を行うことで、不善の汚れは取り除かれ、大きな悪や不幸という「大事」に到らずにすむのです。

人の過ちをあげつらうより
わが身の過ちを改める

他人の過失は見やすく、自分の過失は見がたい。
人は、他人の過失は籾殻《もみがら》のようにまき散らし、
自分の過失は巧みに隠してしまう。
狡猾な賭博師が骰《さい》の目を隠すように。

（法句経２５２）

過ちをおかしたときこそ人間が問われる

他人の過ちや欠点というのは目につきやすく、自分の過ちや欠点はなかなか意識できないもの。しかも、他人の失敗を見つけては騒ぎ、自分の失敗はうまいこと隠そうとするのが世の常です。ブッダはサイコロの目をごまかす賭博師にたとえて、そうした狡《ずる》い人間が多いことを嘆いています。

人の本質や生き方の姿勢は、過ちをおかしたときにこそ表れるものです。『論語』にも「過《あやま》ちて改めざる、是《こ》れを過ちと謂《い》う」（過ちをおかしておきながら改めないこと、これを本当の過ちというのだ）という有名なことばがあります。

仁者《じんしゃ》の生き方を求めた孔子には、過失にふれたことばは多く、「過ちては則《すなわ》ち改むるに憚《はばか》ること勿《なか》れ」（まちがったことをしたら、ぐずぐずせずに改めることだ）、「過ちを観《み》て斯《こ》に仁を知る」（おかした過ちとその始末を見れば人間性がわかる）などもよく知られています。またブッダもこう言っています。

「他人の過失を詮索し、怒ってばかりいる人は煩悩が増大する。彼から煩悩が消滅するのは遠い話だ」。いずれも昨今の政治家にも聞かせたくなることばです。

渇愛《かつあい》にとらわれた者は罠にかかった兎のように苦しむ

愛欲に駆り立てられる者は、罠にかかった兎《うさぎ》のようにもがき震える。緊縛と執着にとらえられ、長く何度も苦しみを受ける。

（法句経342）

「苦」を除く正しい方法を知る

この愛欲とはただ性的な欲望をさすのではなく、もっと欲しいもっと欲しいという根源的な欲望である「渇愛《かつあい》」を意味しています。

渇愛にとらわれた者は、罠にかかった兎のようにじたばたもがき、苛立ち、怒り、長く苦しむというのです。ブッダは「渇愛は蔓草《つるくさ》のようにはびこる。根絶《ねだ》やしにしないとしぶとく何度でも生じる」とも言っています。

ブッダの教えというのは、快楽に依存して「楽」を求めてもますます「苦」を増やす、苦行で自分を苦しめても利益はない、「苦」を除く正しい方法を知って「楽」を求めなさい、ということ。ブッダが悟りを得て初めて法を説いたことを「初転《しょてん》法輪《ほうりん》」といいますが、その最初の説法で説いたのも、「快楽と自虐の両極端には近づくな、中道こそ安らぎに至る道である」という中道の教えと、「苦・集《じゅ》・滅・道」の四つの真理（四諦）※によって渇愛（執着）を滅する教えでした。

罠にかかった兎はもう逃れられません。そうなる前に、自分の心の飢えや渇きを点検し、不要な欲望は洗い流してしまいましょう。

※四諦については101ページ参照。

ブッダの教えと日本の仏教

聖徳太子から最澄、空海、親鸞、道元へ

シルクロード経由で六世紀に日本へ

仏教は、紀元前三世紀には全インドへ広がり、紀元一世紀頃にはガンダーラ地方（現パキスタン）へ伝わっていきました。

このガンダーラからシルクロードによって中国へ伝えられ、朝鮮半島を経由して日本へ入ってきたのが六世紀のこと。五三八年、百済《くだら》の聖明王から欽明天皇に釈迦太子像（王子の時代のブッダ像）、仏具、経典などが贈られ、歴史上はこの年をもって日本への「仏教公伝」としています。

なお、ガンダーラ地方からシルクロード経由で中国、朝鮮半島、日本へと伝播した仏教は北伝仏教（大乗仏教）といい、中国の長安からは南下してベトナムまで伝

わっています。

一方、南インドからスリランカを経て、インドネシア、タイ、ビルマなどへ伝わった海上ルートがあり、こちらは南伝仏教（上座部仏教）といいます。本書で取り上げた『法句経』は南伝仏教諸国で広く愛誦されている原始経典『ダンマパダ』を漢訳したもの。ダンマとは法（ダルマ）、パダとは語句の意味で、もともと「お経」の意味はなく、単に「法句」とよぶ場合もあります。

☸「十七条憲法」により仏教が精神的支柱に

日本で最も早く仏教を支持したのが蘇我馬子《そがのうまこ》と聖徳太子で、それぞれ飛鳥寺（法興寺）、四天王寺を建立し、ここに日本初の仏教寺院が生まれます。仏教は当時大陸の先進文化の象徴であり、経典とともに高さ数十センチの金銅仏（金メッキされた銅像）の釈迦如来像なども一緒に入ってきました。

五九四年には推古天皇が仏教保護令（三宝興隆の詔《みことのり》）を発令し、六〇四年には聖徳太子が「十七条憲法」によって仏教を日本人の精神的支柱とするよう示しました。「十七条憲法」第二には、「篤く三宝を敬え。三宝は仏と法と僧なり」とあり、このときからブッダの教えが広く日本人に浸透し始めたと言ってもいいでしょう。

奈良時代には、国家や民衆にふりかかる災いを鎮め、国を守る「鎮護国家」のための国家宗教として仏教が発展していきます。

聖武天皇は国ごとに国分寺・国分尼寺を作ることを命じ、全国の総国分寺として奈良に東大寺を建立、さらには「大仏造立の詔」を下して、国をあげて巨大な鋳造仏像（高さ約十六メートル）を完成させました。

最澄と空海がもたらした新しい仏教

奈良時代、平城京を中心に栄えたのが南都六宗（法相宗、華厳宗、律宗、三論宗、成実宗、倶舎宗）です。もともと教理研究を主とする中国からきた宗派（学派）で、国家鎮護のための仏教として次第に権力や栄華を求めるようになり、ブッダが苦から救おうとした民衆とはほぼ無縁のものでした。平安時代に入り、そうした仏教界の旧勢力に新風を吹き込んだのが最澄と空海です。

伝教大師最澄は唐への留学で中国天台宗を学んだほか、禅や密教なども学び、帰国後は天台宗を開いて日本の仏教の宗派として初めて公認されました。その教えは中国天台宗だけでなく真言密教や禅などを包含した独特のもので、「法華経」に基づき「すべての人間は仏性を持ち、だれもが仏になれる」として、のちに花開く鎌倉仏教にも大きな影響を与えました。また修行道場のある比叡山は、法然、親鸞、栄西、道元、日蓮というのちの新仏教の担い手たちが多く学んでいたため、「日本仏教の母山」とも称されます。

最澄の没後、天台宗は密教化をつよめ、空海の真言宗の「東密」(東寺の密教)に対し「台密」(天台宗の密教)ともよばれています。

その真言宗の開祖である弘法大師空海は、官吏養成機関であった大学を中退して仏道へ進み、独自の山林修行をつづけた後、遣唐使の留学生となって唐へ渡っています。

唐では密教の第一人者恵果《けいか》和尚のもとで学び、その類い稀な資質を見抜いた恵果からわずか数か月で密教のすべてを伝授され、正当な継承者の証しである灌頂の儀式まで受けて帰国します。

「この身のまま成仏する」という即身成仏を唱える真言密教は最先端の仏教として天皇や貴族に支持され、空海は天皇から賜った高野山の土地に金剛峰寺《こんごうぶじ》を創建し、修行の聖地としました。

また京都・東寺を賜り国家鎮護の祈祷寺とし、その講堂には多数の仏像を配して密教の世界観を描く「立体曼陀羅」が創出されています。

日本化が進み庶民のものとなった鎌倉新仏教

鎌倉時代になると、外来宗教であった仏教により日本的な宗教意識が混合され、「日本化」が一気に進みます。同時に仏教は民衆に身近なものとなっていきます。いわゆる鎌倉新仏教といわれるのは、法然の浄土宗、その弟子親鸞の浄土真宗、栄西の臨済宗、道元の曹洞宗、日蓮の日蓮宗などをさし、この時期に生まれた宗派はそのまま現在の日本の仏教界を代表するものとなっています。

これらは、個々の教義や成仏への方法、表現は異なっていても、いずれも各祖師がおのれの信念にしたがって仏法の真髄に迫ろうとした結果生まれた宗派でした。仏の教えを民衆へ浸透させ、心の救いを与えようとする企図も共通していました。ブッダの教えは、この現代日本にも脈々と息づいているのです。

第四章

いのちに感謝し生を楽しむ

——すべては無常と知る

この世は陽炎《かげろう》のようなもの
無常を覚《さと》れば心は自由になる

この世は泡沫《うたかた》のごとしと見よ、
この世は陽炎《かげろう》のごとしと見よ、
このように世を見る人を
死王が見つけることはない。

（法句経１７０）

この世はすべて夢幻泡影《むげんほうよう》と知る

この世は泡沫や陽炎のようなものだと知るなら、死をよぶ魔王もあなたを見つけることはできない――。万物は移り変わり、この世はいっときの夢のようなもの。その「無常」という真理に目覚めれば、死や輪廻《りんね》の束縛から解放され、心は安らぎを得るというブッダの教えです。

「金剛般若経《こんごうはんにゃきょう》」というお経にも「一切の有為法《ういのほう》は夢幻泡影《むげんほうよう》の如し、露《つゆ》の如し、また雷の如し」とあります。この世のすべては夢まぼろし、水泡や影、草の露や雷《らい》光《こう》のようにはかないものであると。いま目にし、手で触れているものも、自分の肉体も、すべてはかりそめの姿であり、いっときの借り物なのです。

この無常観は、「行く川のながれは絶えずして、しかも本の水にあらず。よどみに浮ぶうたかたは、かつ消えかつ結びて久しくとゞまることなし」という『方丈記』（鴨長明）の一節をはじめ、日本人の死生観に大きな影響を与えてきました。

ただし仏教で説く無常は「はかなさ」をいうのではありません。私たちは無常を知ることで執着から解放され、心は自由になり、生き方が変わるのです。

「最後の身体」を得た者は究極の幸福を手にする

怒りを持たず、戒律を守り、
慎みがあり、欲を手放し、
身を整え、最後の身体に達した人。
われは彼をバラモンとよぶ。

（法句経400）

解脱し、生存の矢を断ち切れ

バラモン[※]とは、ここではブッダから見た「理想の修行者」という意味で、真の教えにしたがい、悟りを開いて涅槃《ねはん》の入口まで達した修行者をさしています。

「怒りを持たず、欲を手放し」とは、禅でいうところの「放下《ほうげ》」の状態でしょう。放下とは、身心にまつわる一切の執着やその原因となるものを放り、捨て去ること。これによりあらゆる煩悩から脱した「解脱《げだつ》」の境地に入るのです。

「最後の身体」ということばは、次の句にも見られます。

悟りの究極に達して恐れがなく、渇愛《かつあい》から離れ、汚れのない人は、生存の矢を断ち切った。これが最後の身体である。（法句経351）

「生存の矢を断ち切った」とは、生死流転の「輪廻《りんね》」の鎖を断ち切ったということ。もはや生まれ変わって次の肉体を必要とすることがないのです。

私たちが死を恐れるのは、いまある肉体に執着し、肉体の滅びを恐れることでもあります。しかしそのような恐れから解放されたとき、「最後の身体」とは涅槃を生きる「かけがえのない身体」であることに得心するはずです。

※本来はインドの階級制における最上位の司祭のことをさす。

ここで死ぬことがわかっていればつまらない争いなどやめるはずだ

他の人々はわかっていない、
「自分たちはここで死ぬのだ」と。
これがわかっている人々は、
それによってどんな争いもやめる。

（法句経6）

限られた持ち時間にやるべきことを

自分はいつか必ず死ぬのだ、とわかっていて生きている動物は人間だけです。

この世に永遠不変のものはなく、生あるものはいつか命を終える（諸行無常）。万物はさまざまな条件によって成り立っている（諸法無我《しょほうむが》）――こうしたブッダの教えは、私たちの日常にも自然に入り込み、四季の移ろいなどに目をやれば「無常」ということばも違和感なく理解できるように思います。無常とはまた人の死も意味し、吉田兼好は『徒然草』に「命は人を待つものかは。無常の来たることは、水火の攻むるよりも速やかに、逃れ難きもの」と書いています。今日元気に笑っていても、明日のわが身はどうなっているか、だれにもわかりません。「東日本大震災」は、そのことをまざまざと私たちに思い知らせました。

もし、自分たちは明日終わるのだとわかっていたら、人々はすべての争いをやめるでしょう。明日なのか数十年先なのか、いずれにしろ私たちの持ち時間は限られています。それを忘れず、争いをやめて「いまここで」やるべきことをやり、おだやかに生きよとブッダは言うのです。

変わらぬものなどない
ただ真理の眼をもって
静かにものごとを観《み》よう

一切の事物は無我なりと
智慧をもって観るとき、
人は苦しみを厭《いと》い離れる。
これが清浄にいたる道である。

（法句経279）

いまをあきらめず怠りなくつとめよ

「諸法無我《しょほうむが》」は、「諸行無常」とともにブッダの教えを知るうえで重要なキーワードです。「無我」とはあらゆる存在・現象において「私が」とか「私の」という「不変の主体」となるものはない、変わらないものはないということです。

古代インドでは「霊魂《れいこん》（我）」の存在を認めるバラモン教が人々の信仰の中心にありました。彼らは「霊魂は不変・不滅」で、人が死ぬと次の生へ、その霊魂が継承されていくとして、いま生きているのも過去世の所行《しょぎょう》の結果で、現世の結果が来世に継承すると考えました。とすれば現在の生はすでに過去の結果として決定済みで、それは「運命」としか言いようがないことになります。生前から決まっている人生では、いま努力しても何の意味もないわけです。

そんな考え方にブッダは「諸法無我なりと智慧の眼をもって観よ」と異を唱えました。すべてのものは例外なく変化し（無常）、変化しないものなどない（無我）、そう見て取る智慧の眼を育むことが清浄で平穏な生活（涅槃《ねはん》）への最高の手立てだと示しました。いまをあきらめず、未来に向かって怠りなくつとめよ――と。

花の香りは風に運ばれ
善き人の香りは
風がなくとも広がっていく

花の香りは風に逆らって広がりはしない。
栴檀《せんだん》、タガラ、ジャスミンもまたそうである。
けれども善人の香りは風に逆らっても進み、
あらゆる方向に広がっていく。

（法句経54）

人の徳は香《こう》のように周囲を清める

善人の「香り」とは、善き人の「徳」と考えればいいでしょう。香りのつよい花や香木《こうぼく》（栴檀はお香に使われる白檀《びゃくだん》の別名、タガラは伽羅《きゃら》ともよばれる香木）でさえ風に逆らって香ることはないのに、仏にしたがう善き人の徳は、どんなところへも広まり浸透していくというのです。

お香の芳香は徳のたとえとしてよく使われ、たとえば弘法大師・空海のことばに「心を洗って香《こう》とし、体を恭《つつし》んで花とす」とあります。

心を清めて徳を高め、身を慎んで人々を花のような慈愛で包む、といった意味で、お香が周囲の空気を清めていくように、その心で世の濁りを清め、慈悲深い施政で平和な世を築いたと時の天皇の徳を称えています（『性霊集《しょうりょうしゅう》』）。

空海には「香を執《と》れば自ら馥《かんば》し」ということばもあります。いつも香を用いていると自分の体からよい香りが漂うようになる——。つまり、ふだんからよい行いをしていれば自然と徳が磨かれ、いつの間にか自分の周りによいことが広がっていくということです。これもブッダの教えを確かに受け継ぐことばです。

荒々しいことばは
相手も自分も傷つけている

粗暴なことばを言うな。
言われた者は、君に言い返すだろう。
怒りを含んだことばは苦痛である。
仕返しが君に返ってくるだろう。

（法句経133）

怒りではなく慈悲の心で導く

荒々しいことばを使うな、怒りにまかせた悪口を言うな、振り下ろした鞭《むち》が自分に跳ね返るように、きっと自分に返ってくるから――。すなわち「相手に苦痛を与えることばは、いずれ自分に苦をもたらす」という戒めです。

ブッダは心の平安を得るには、心身を整えるだけでなく「ことばを整える」ことも重視しました。「身《しん》・口《く》・意《い》」の三業《さんごう》（身体・ことば・心）を整えよということです。肉体の暴力で相手を傷つけるように、ことばによっても相手を傷つけたり自ら傷つくことがある、という明快な教えがここにあります。

道元禅師は、これに呼応するように「汚いことばで憎を叱ったり、過失を言い立ててなじってはいけない。たとえ相手が道理に反した悪人でも、憎み誹《そし》ってはいけない」と言っています。ではどうするのかというと、「※慈悲心をもって善道へ導け、相手が腹を立てないような方法で教え導け」と言っています。まず自分の怒りを捨て、「慈悲の心」によって解決する方法を考えよというのです。

相手の非に対しても怒りではなく慈悲で報いることが仏の教えなのです。

※『正法眼蔵随聞記《しょうぼうげんぞうずいもんき》』の二章に見られる。

礼儀を守り
年長者を敬う人には
よいことがどんどん増える

常に敬礼《きょうらい》を守り、年長者を敬う人には、
四つの事柄が増大する。
すなわち、寿命と美しさ、楽しみと力である。

（法句経109）

常に礼と敬意をなくさずに

「人は必ず陰徳《いんとく》を修《しゅ》すべし。陰徳を修すれば必ず冥加《みょうが》顕益《けんやく》あるなり」という道元禅師のことばがあります。

「陰徳」とは人に知られずによい行いをすること。「人は必ず隠れた善行を積むべきだ、そうすれば必ず目に見えない加護や目に見える利益《りやく》があるものだ」という意味で、このブッダの句とも相通じるものがあります。

道元は、「泥で作った稚拙な仏像や、安手な作りの経典でもけっして粗末に扱うな、祖師や年長の僧をつつしんで敬い、必ず礼拝して接するように」と戒め、日常の礼儀や小さな善行もおろそかにするなと言っています。

そうした陰徳がもたらす加護、利益として、ブッダは「寿命と美しさ、楽しみと力が増大する」と言うのです。長生きができて、美しさは磨かれ、楽（喜び・安らぎ）が増え、力さえ得られるというのですから、要は幸せがもたらされるということです。人目につく表立った善行は苦手という人も「陰徳」なら積めるはず。まずはお年寄りに手を貸すことから始めてみませんか。

地に横たわるとき
もう何も恐れることはない

この身はまもなく地上に横たわるだろう。
意識を失い、無用の木切れのように、
投げ捨てられて。

（法句経41）

いのちの終わりをどう迎えるか

聖者であれ悪人であれ、人は死ねばひとしく無用の木切れのようになり、尊敬も軽蔑も、富も貧しさも、何ら関係のない物体となってしまいます。

酷な言い方のようでもこれは真実であり、ブッダもまたシャカ族の王子時代にそうした多くの死を目にしたことが、のちに出家を決意させる要因になったようです。いずれやってくる死はだれにも避けられない現実で、だからこそそれをどう受けとめるかが、「人生の質」に大きく関わってくることになるでしょう。

うらうらとしなんずるなと思ひとけば　心のやがてさぞとこたふる

これは西行《さいぎょう》の詩で、その意は「よくよく考え、うらうらとのどやかに死んでいくのがよいなと思い至れば、心はすぐに〝そのとおりだ〟と答えるのだった」。

うつらうつらまどろむようにして、このまま死んでいく――。そこに明確な生と死の境界はなく、ただ生の延長線上に死があるだけです。「すべては移ろい、不変不滅のものはない」。無常を知ることは、死を必要以上に恐れたり、大げさに身構えて迎える必要はないのだと知ることなのかもしれません。

投げつけた砂が自分にかかるように愚行は自らの災いを招く

汚《けが》れのない人、清浄で罪のない人を害する者があれば、災いはその愚かな者に返ってくる。颪に逆らって塵《ちり》を投げれば、その人に戻ってくるように。

（法句経１２５）

弱者へのいじめや暴力を断つ

相手を困らせようと、砂をつかんでえいっと投げつけても、逆風であれば戻ってきて自分が砂ぼこりを浴びることになります。

ブッダは、罪のない人を害することをそうした愚かな行為にたとえて、自業自得※を教えることばにしています。

ブッダが生きた紀元前の昔、人々の暮らしは現代では考えられないほど苛酷《かこく》だったことでしょう。病気や飢えの苦しみとは常に隣り合わせで、自然の災害にはなす術《すべ》もなく、疫病《えきびょう》にかかれば死を待つほかない……。

そんな厳しい環境であれば人々はみな助け合って生きていたかというと、そうではなく、ブッダが戒めるように、弱い者をいじめたり、何の罪もない人を害したりする者が昔からいたということです。

それはいまの社会でも同じです。弱者へのさまざまな形のいじめや暴力がまん延しています。「風に逆らう」とはこの世の道理や人の道に反するということ。悪しき行為は必ず自分に跳ね返ってくることを忘れてはならないのです。

※自分が行った悪い行為が、自分に悪い結果を招く。

自分がしてほしくないことを他人にしてはならない

すべての者は暴力に怯《おび》え、
すべての者は死を恐れる。
わが身にひき比べて、殺してはならない。
殺させてはならない。

（法句経129）

自分の身に起こることを想像せよ

殺すな、殺させるな、という峻烈《しゅんれつ》なメッセージを放つことばです。

「わが身にひき比べて」とは、自分の身に起こることを考えてみろ、ということ。暴力をふるわれてもあなたは平気か？　理不尽に殺されてもあなたは平気か？　想像せよ、そして自分がしてほしくないことを他人にするな、ほかの者にもさせるな――とブッダは言っているのです。

孔子もじつはこれにつながることばを残しており、『論語』にこうあります。

子貢《しこう》問うて曰《いわ》く、一言にして以《もっ》て終身これを行うべき者ありや。

子曰く、其《そ》れ恕《じょ》か。己《おのれ》の欲せざる所、人に施《ほどこ》すこと勿《な》かれ。

弟子の子貢が「生涯を通じて守るべき信条となる、そんな一言はあるでしょうか」と尋ね、孔子は答えます。「それは恕《じょ》（思いやり）だな。自分がしてほしくないことは、他人にもしてはならないということだ」（『論語』衛霊公篇《えいれいこう》）。

何より大切なのは、わが身にひき比べて他者を思いやること。そして思いやりの根本にあるべきものが、他者を傷つけないということでしょう。

すべてのいのちは支え合い
すべての者にいのちは愛《いと》しい

すべての者は暴力に怯《おび》え、
すべての者にいのちは愛《いと》しい。
わが身にひき比べて、殺してはならない。
殺させてはならない。

（法句経１３０）

私を支える多くのいのちを思え

高い山の上や大海原のまっただ中、そんな場所で夜、満天の星空を見上げていると、自分という存在がちっぽけな砂粒のようなものだと思えてきます。

この砂粒になぜいのちが与えられ、生きているのか。何千日、何万日という営みをつづけて、この世でいったい何をなそうとしているのか……。すべてを捨てて出家し、修行、成道《じょうどう》（悟り）、布教という道を歩んだブッダを突き動かしたのも、この「いのちの意味をあきらかにしたい」といううつよい思いだったのでしょう。

この句は前項の句（法句経129）と対をなし、「すべての者にいのちは愛しい、いのちを傷つけるな、奪うな」という普遍的メッセージになっています。

いのちへの感謝をつい私たちは忘れがちです。砂粒のような「私」も一人で生きているわけではなく、多くのいのちに生かされています。すべてのいのちは支え合って生きている。その当たり前のことに思い至れば、どんないのちも粗末に扱うことはできません。まして傷つけたり殺《あや》めることは許されない。それは他者に対してはもちろん、自分のいのちに対しても同様なのです。

君が自分を愛《いと》しく思うなら
自己を守り
しかと目覚めよ

もし自己が愛しいものと知るならば、
自己をたしかに守ることだ。
賢い人は人生の三分の一だけでも
目覚めているべきだ。

（法句経157）

いのちに感謝し生を楽しむ

自分という存在、自分がこの世に生かされているいのち。

それを愛しく思うなら、自己を粗末に扱うな。自己をよく守り、心をおだやかに整えよ。そして人生の三期（青年期、壮年期、老年期）の一つだけでもしっかり目覚めて、世のためとなる善を行うことだ――。

ブッダが言っているのはそういうことです。自己を守るとは、怠ることなくつとめ励むこと、仏教では「不放逸《ふほういつ》」ということばをよく使いますが、つまりは自分を見失わず、なすべきことを知り、懸命に生きるということです。

「人生の三分の一」の部分は、享楽に夢中な青年期、家族や仕事に責任を負う壮年期、たとえこの二つの時期に教えにしたがうことができなくても、老年期だけでも自己を見つめ、世のためになる善を積むべきだというのです。

原典には「夜の三区分のうち一つだけでも目覚めておれ」とあります。三期すべて眠り惚《ほう》けていてはお粗末な人生で終わってしまいます。自分を愛しく思うなら、しっかり目覚め、いのちに感謝し、生を存分に楽しむことです。

三毒を抑えて心の汚《けが》れを防ごう

下劣なやり方になじんではいけない。
怠惰《たいだ》に暮らしてはいけない。
邪悪な見解にしたがってはいけない。
世俗の汚れを増やしてはいけない。

（法句経167）

世間のやり方に同調しない

これはいわば仏道を学ぶ者の日常の心得ですが、私たち世俗の人間ができるだけ心おだやかに生きるための心得としても有効です。

「下劣なやり方」とは、煩悩の中心をなす三毒（貪《とん》・瞋《じん》・痴《ち》）、つまり欲望と怒りと愚かさ（無知）に操られるように行動してしまうこと。

たとえば欲望であれば、食欲や性欲のままに「もっと食べたい」「もっと触れたい」「もっと自分のものにしたい」と自己本位の行動をとったら、節度のない獣のような下劣さになるのは想像できるでしょう。怒りであれば、気に入らないことやうまくいかないことにすぐ腹を立て、不機嫌をまき散らすのは周りも不愉快にしてしまいます。また、怠惰になったり邪悪な考えに同調してしまうのは、諸行無常や善因楽果《ぜんいんらっか》、悪因苦果《あくいんくか》という因果の道理に無知である「愚かさ」が原因にあります。これらは世間では普通に見られる姿です。しかし「みんながこのようにして生きているから自分もいいだろう」と思って同じことをしていると、世俗の垢《あか》はどんどんたまり、「心の汚れ」も増えてしまうのです。

いっときの寄り道は楽しいが
もといた道のよさに気づくだけ

心を乱して道を外れることに親しみ、
正しい道を行こうともしない。
目的を捨てて楽しみにばかり向かう人は、
やがて正しい道を歩む人を羨む。

（法句経２０９）

寄り道の楽しさなどいっときのこと

せっかく大きな目的を持って道を歩み出したのに、よその楽しいことに心を乱し、そっちにばかり夢中になっている。君の目的はどこへ行ってしまったんだ。そんなことをしていても、結局は自分の道をちゃんと歩きつづけている人を羨むことになるんだぞ——。この句の本意は「八正道《はっしょうどう》」（１００ページ参照）を守れということですが、こんな親心も感じさせるブッダのことばです。

原典には、出家した男性が独身女性や未亡人、出家した女性らに近づくことを戒める意味があったようです。しかし「心をふらつかせて自分の選んだ道を守らないと、きっと後悔する」という警鐘《けいしょう》の句として、将来を持つ若い人たちに聞かせたいようなことばです。

道元禅師は、修行僧が道を得るには早い遅いの差が表れるが、その差は志《こころざし》の持ち方にあるとして、「志が徹底しないのは無常ということをよく考えないからだ」※と言っています。楽しいことなどつづかないし、月日は人を待ってくれません。目指す道があるなら、ふらふら寄り道している場合ではないのです。

※「志の到らざる事は無常を思はざるに依るなり」（『正法眼蔵随聞記』一）。

愛される善き人に
あなた自身がなってほしい

徳と見識をそなえ、
正法にしたがい、真理を理解し、
自己のなすべきことを行う者は、
世の人々に愛される。

（法句経２１７）

賢者とはあなた自身が目指すもの

ここで言っているのは、いわば世間の人々に愛される人のモデルケース。

ほかにもブッダは、「賢者とは」「聖者とは」「善き人とは」という言い方で〝目指すべき人物像〟を人々にくり返し説いていました。

すでに紹介したことば以外にも、「賢者は身を慎み、ことばを慎み、心を慎む。彼らはじつによく自分を制御している」（法句経234）、「常に平静で、怨みを持たず、恐れることがない者、彼こそ賢者とよばれる」（法句経258）など多数見られます。また賢者と住んだり親しく交わることをすすめ、「賢く智慧があり、多く学び、忍耐づよく、戒を守る。そのような聖者、善人、賢者に親しみなさい。月が星の軌道にしたがうように」（法句経208）という句もあります。

ただ問題は、昔もいまもこうしたお手本となるような賢者や善き人は稀《まれ》な存在で、出会うのは相当困難であること……。ブッダはそれを承知で語りかけました。

私たちはこれらの句から、「だから、まずあなた自身が賢者を目指すのです」というブッダの切なるメッセージを受けとめることが大事なのです。

すべては変わっていく中で本当に大切なことは変わらない

一切の事象は無常なりと
智慧をもって観るとき、
人は苦しみを厭《いと》い離れる。
これが清浄にいたる道である。

（法句経277）

苦を離れ、安らぎの場所を得る

『ちいさいおうち』※という絵本の古典といわれる作品があります。アメリカの本ですが、日本でも長く親しまれ、子どもの頃読んだという人も多いでしょう。

お話の中心は、のどかな田舎の丘に立つ、赤い煙突のある「ちいさいおうち」。まず描かれるのは、季節ごとに変化する周囲の自然、そして田園が開発されて住宅地に変わっていき、ついには高層ビルが建ち並び、電車の高架線が走る大都会になり、小さな家だけが取り残されていく……。ページをめくるたびに、それらの変化と、唯一変わらないおうちの姿が子どもの目にもはっきり印象づけられ、私も大好きな絵本でした。「変わっていくことはたのしくてさびしい」「変わらないことはむずかしいけどうれしい」。そんなことを初めて感じたのもこの本を読んだときで、もちろん「無常」ということばを知るのはずっと後のことです。

大都会で傷んだ家は最後に田舎へ移されます。そこは昔住んでいた丘のように自然豊かな場所で、おうちはまるで「涅槃」のような安らぎを得ます。最後の一文にはこうあります。「いなかでは、なにもかもが　たいへんしずかでした」。

※バージニア・リー・バートンが1942年に描いた本。石井桃子訳で刊行中。

「いま」をおろそかにせず 刻々と而今《にこん》を生きる

起きるべきときに起きず、
若く力があるのに怠惰になり、
意気消沈して惰弱な者は、
智慧によって道を見出すことができない。

（法句経280）

いまやるんだ、いまがその時だ

「ナウズ・ザ・タイム（Now's the Time）」というジャズのスタンダード曲があります。天才アルトサックス奏者チャーリー・パーカーが作曲した軽快な曲で、古いレコードでも、その題名どおり「さあ時間だ」「いまがその時だ！」といった勢いのある演奏が聴かれます。

この題名を禅のことばに替えるなら「而今《にこん》」が当てはまりそうです。「ただ、いま」「いまここ」を意味し、後でも先でもなく「いまこの時、いまここにおいて」なすべきことを果たせという意味で禅門でとくに大事にすることばです。

「一夜賢善経《いちやけんぜんきょう》」というお経には、「過去を追うな、未来を思うな、過去はすでに捨てられ、未来はいまだ至っていない。今日まさになすべきことを熱心になせ、だれが明日の死を知るものか」という文言があります。ブッダの言う「起きるべきとき」に起きない怠け者は、一刻一刻が過去として捨てられていくことに早く気づくことです。若く力があるならさっと身を起こし、「いまやるんだ」という意志を持って「而今《にこん》」を生き、正しい道を見出すべきなのです。

愛する人さえ救えない
死の理不尽さを引き受ける

子も救うことができない。
父も親戚も救うことができない。
死に捉えられた者を、
どんな親族も救うことはできない。

（法句経２８８）

死を見送る祈りの先には

けふのうちに　とほくへいってしまふわたくしのいもうとよ
みぞれがふっておもてはへんにあかるいのだ
(あめゆじゅとてちてけんじゃ)

宮沢賢治は、病いに冒され死の床に伏した妹を見つめ、哀切きわまる、しかし静かで美しい詩を残しています。これはその「永訣の朝」※という詩の冒頭の一節。妹は熱にうなされるように、「あめゆじゅ（あめゆき）をとってきてください」と兄に頼み、賢治は（わたくしのやさしいいもうとの　さいごのたべものをもらっていこう）と兄妹で使ってきた二つのお碗に外のみぞれ雪をすくってきます。

そして（これが天上のアイスクリームとなって、妹と他の人々への聖なる資糧をもたらすように、わたくしのすべての幸いをかけて願う）と終わる、祈りのような詩です。愛する人の死に際して、人は祈ることしかできません。そして死にゆく者をだれも救うことはできません。子も親も、神さえも。しかし、その死の理不尽さを知った人間だけが本当のやさしさを身につけて生きていくのです。

 ※『心象スケッチ　春と修羅』所収。

欲の林を伐《き》り倒し執着から離れよ

一本の木ではなく、林を伐《き》れ。
恐怖は林から現れる。
修行僧よ、林も下生えもすべて伐り、
林を脱した者となれ。

（法句経２８３）

個別にではなく丸ごと全部伐る

この「林」とは煩悩の総体をさしています。わかりやすく三毒の「貪り」に代表させるなら「欲の林」ということになるでしょう。

一本の木とは、そこに含まれる性欲や食欲など個別の欲のこと。一つずつ欲の木を伐《き》り落としても、苦や恐れは「林」から次々と生じてくるというのです。たとえば次の句にはこうあります。

たとえわずかであっても、女性への男の欲望が断たれずにある限り、彼は心が縛られている。母牛の乳を恋しがる仔牛のように。（法句経284）

わずかでも欲の木が残っていれば、林から抜け出せない（執着から脱せない）ということ。「だから根こそぎ林ごと伐らなければだめだ——修行僧よ、林も下生えもすべて伐れ」と、ブッダは「欲の林」を更地にする勢いで修行僧を叱咤しています。林を脱した者とは一切の妥協を捨て、煩悩を断ち切った解脱者のこと。

現代を生きるうえでも、「このくらいいいじゃないか」とお乳を欲しがる仔牛並みの執着心を持つうちは、当分林から抜けられないことを知るべきでしょう。

その愛欲は清浄か不浄か
まず自分の心に聞け

心が惑乱し、激しい愛欲にかられ、
愛欲を清らかなものとみなす人に、
渇愛はますます増大する。
彼は悪魔の束縛をさらに堅固にする。

（法句経３４９）

呼吸法で心の惑乱を制止する

私のパソコンには一年三六五日毎朝欠かさず、ある書道家から短いことばが送られてきます。日々の所感を書いた短文で、ある朝届いたのがこんなことば。

自の心と書いて息。呼吸を整えると心も整うんだ。

たしかに心の上におのれ（自）が乗っているのが「息」という字です。心を心で制御するのは難儀ですが、呼吸によって心を整えることは可能なのです。

呼吸で心を整えるという方法は古くからインドや中国で行われ、丹田に気を鎮めたり、吸う・吐くに意識を集中させることで心を安定させる方法がわが国にも伝えられています。江戸時代の白隠《はくいん》禅師は、呼吸法と坐禅瞑想を組み合わせた独自の方法（内観法）で自らの心身の病いを克服したことでも有名です。

このブッダの句には「惑乱の静止を喜び、肉欲の不浄に目覚める人は悪魔の束縛を断ち切るだろう」というつづきがあります。愚かな欲望が首をもたげたら、意識を集中させ、ゆっくり長く息を吐いて吸う呼吸を、まず五回試してみてください。徐々に「惑乱が静止」していくのがわかるかもしれません。

ブッダと禅と日本文化

日本人の生活にとけ込んだ仏の教え

仏とともに静かに坐る

「坐禅」という字は、「座禅」とは普通書きません。

この「坐」という字は、土の上に人が二人並んで坐っているようすを表しています。これは自我（自分への執着）と自己（本来の自己）であるとも、自分と仏であるともとらえることができます。

坐禅の結跏趺坐《けっかふざ》の姿勢は、ブッダが悟りを開いたときの姿勢です。仏像の如来像も多くはゆったりと坐っています。

禅宗で日常の修行として坐禅を組むのは、坐禅によって心と体を静め、ブッダの悟りを追体験しようとするもの。自我という執着を脱落させ、自分の内なる仏を照らし出すための最も重要な修行ととらえています。

もちろん修行者でもない一般の人にも坐禅はおすすめです。参禅会などでまずは気軽に体験してみることです。心の安定や精神統一にも効きます。

何よりも、いつも何かに追われているような日常とは違う時間が、体を流れていくように感じます。

☸日本の漢字文化は写経から始まる

仏の教えが日本に伝わると同時に、さまざまな異国の文化も一緒に日本へやってきました。

たとえば「書」。中国では書道を書法というそうですが、歴代の日本の天皇は経典を写経することで漢字を学び、書法を学び、見事な書をものにするようになりました。

さらに聖徳太子が『法華経』の註釈書として書いた『法華義疏《ほっけぎしょ》』は、現存する日本最古の肉筆文書、つまり「日本人が書き残した最も古い文字」として皇室の御物として保管されています。

また「風信帖」など国宝の書を残す名書家であった空海は、遣唐使として唐へ渡ったとき、質の高い筆や墨をたくさん持ち帰り、「弘法筆を選ばず」どころか書体によって筆を使い分けるなど、その後の日本の書風の基礎を作ったとされています。中国から仏教文化が日本へ入ってきたことは、日本の精神文化に多大な影響を与えることになったわけです。

お茶もお花もたどれば仏教文化

お茶を飲むという喫茶の習慣も、日本臨済宗の開祖、栄西禅師が大陸から抹茶をもたらしたのがきっかけとなっています。当初は養生延命の薬効が重宝される薬のような扱いでしたが、室町時代には喫茶の習慣が広がって茶の作法が生まれ、のちの千利休は、禅の精神とむすびついた「侘び茶」を「茶道」にまで高めて完成させました。

ちなみに「茶坊主」ということばがありますが、これは江戸時代の武家の職名で、剃髪して茶の湯に従事していたことから「坊主」の呼称がついただけで、僧侶や仏教とは関係がないそうです。

また「華道」も、もとをたどっていくと仏に供える「供華《くか》」に原型が見られ、室町時代には「古立華」という生け花の様式が生まれています。これを現在の華道のスタイルに近づけて最初に完成させたのが京都の僧侶、池坊だったのです。

日常語にとけこんだ仏教語

ふだん何気なく使っていることばにも、仏教からきたことばがたくさんあります。家の出入りの「玄関」はもともとは玄妙なる道に入る関門の意味で、深遠な教えに入る手始めを意味していました。

玄関の外は「娑婆《しゃば》」で、これはサンスクリット語のサハーからきており、もとの意味は「耐え忍ぶ世界」。刑務所でおつとめ中のやくざが「シャバに出たいなあ」などと言うのは本来逆なのです。

そんなことを言うと「因縁」をつけられそうですが、これも仏教のことばで、因は直接的な原因、縁は間接的な条件。

すべての事象は単独固有に存在するのではなく、無数の因と縁がからみあって存在し、だからこそ絶え間なく変化しつづけるという、「色即是空」にまで通じることばなのです。

あまりにも日常的な仏教ことば

気分的なものを表す「おっくう」や「有頂天」「我慢」「微妙」「油断」「退屈」「愚痴」なども仏教からきたことば。

「おっくう」は億劫と書き、もとは「おっこう」と読みます。「劫《こう》」は古代インドでいう最長の時間の単位、これが億もあるというのですから、考えるだけでもオックウになる話で、転じて面倒くさいという意味で使われるようになりました。

もう一つ説明すれば「有頂天」とは、衆生が住む三界（欲界・色界・無色界）の最上地点のことをさし、輪廻に迷う世界ではあるものの、生きるものが到達できる世界においては最高の場所のこと。迷える衆生の私たちでも有頂天になっていい場所らしいです。

ほかにも、仏教から生まれていま日常で使っていることばはまだまだあります。ブッダの教えが漢字になり、日本で平成の世に若者が使う。それだけ仏教は私たち日本人の生活に浸透していると言えるでしょう。

第五章

幸福はどこにあるのか

——人生をうるおすもの

よき仲間と共に過ごせば幸福な時間が増えていく

聖者たちに会うのは善いことだ。彼らと共に住むのは常に楽しい。愚か者たちに会わずにいるなら、常に安楽にいられるだろう。

（法句経２０６）

共にいるだけで多くを学ぶ

「善知識《ぜんちしき》」と聞いても一般にはなじみが薄いことばでしょう。よい知識のことではなく、仏教では「仏道へ正しく導く人」を意味する語で、仏門の師や高僧、またよき友（善友）をさして使われることもあります。

この句の「聖者たち」とは、いわばその「善知識たち」のこと。智慧をそなえ、正道を歩む彼らとともに生活するのは楽しいことで、愚か者と顔を合わせる苦痛がないのだから、いつも安楽（幸福）でいられるというのです。

道元禅師は、「よき人と交わっていれば、知らず知らず自分も感化されていく」として、「霧の中を行けば、覚《おぼ》えざるに衣《ころも》しめる」ということばを引いています（『正法眼蔵随聞記《しょうぼうげんぞうずいもんき》』五）。霧の中を歩いていると、知らないうちに着物がしっとりしてくる――。そのように、すぐれた人と常に身近に接していれば、知らぬ間に自分も多くを学び、すぐれた人格を身につけていくものだというのです。

善知識の反対は悪知識※。楽しく幸福な時間をたくさん持ちたいなら、悪のほうには近づかず、善知識とよべるよき仲間と人生を共に過ごすことです。

※悪法・邪法を説いて悪に誘い込む悪い師や悪い仲間のこと。

健康と満足
そして信頼があれば
幸福はそこにある

健康は最高の利得であり、
満足は最上の財産である。
信頼は最高の親族であり、
涅槃は最上の安楽である。

(法句経204)

心身の健康が安楽をもたらす

健康、満足、信頼、そして涅槃《ねはん》（寂静《じゃくじょう》）という、いわば幸福のための四つの大切なことをあげた句です。現代人にとってもそのまま通じるであろう、よくかみしめたいことばです。

無病で「健康」であれば、生活上の喜びはそのまま喜びとして、憂いなく受けとめることができます。家族や友人で誕生日を祝うことや、進学や就職、結婚や出産などの祝い事も、本人や家族が病気だったりすると心から喜ぶことはなかなかむずかしいものです。健康であることはそれだけで利得《メリット》なのです。

いまの自分に「満足」すること、心が満たされていること、つまり「足るを知る」ことは心の安定をもたらし、どんな宝物よりも価値ある財産となります。

家族や友人であっても「信頼」という絆がなければ、本当の家族や友人とは言えません。逆に固い信頼で結ばれるなら、最高の親族・理解者になれます。

そして「涅槃」。心静かに安らいだ境地（寂静）にいるのは何よりも幸せなことでしょう。これを確かに支えるのが、健康、満足、信頼なのです。

蜜の味に浸ろうと思うな
悪業《あくごう》の火に燃やされないように

なされた悪業は
しぼり立ての牛乳のようにすぐ固まることはない。
業は灰に覆われた火のようにくすぶり燃えて、
愚かな者にずっとつきまとう。

（法句経71）

悪を犯せば業火は必ず襲ってくる

ブッダは、悪い業《ごう》によってもたらされる結果を「苦い果実」にたとえています（218ページ「法句経66」）。では、その苦い果実が実るまでにどんな思いをするのかというと、「灰に覆われた残り火のように、ずっとくすぶり、苦しみを与えつづける」と言うのです。ブッダの比喩はいかにも的確で、こんな句もあります。

愚かな者は、悪業がいまだ熟さない間は悪事を蜜のように思う。
しかし悪業が熟し報いが現れたとき、苦悩に苛《さいな》まれる。（法句経69）

人間は、文明を手にしてから五千年以上の歴史を持ち、倫理観や宗教も成熟してきたはず。それなのに人はいまだに悪事をやめられません。人の道に反するとわかっていながら、なぜやめられないのかといえば、悪事は〝蜜のように〟甘い快楽の匂いを放って愚か者を惹《ひ》きつけるからでしょう。悪人はいっときは快楽の余韻に浸れるかもしれません。

しかし、悪業の炎はずっとくすぶり燃えており、いつか業火※となって悪人に耐え難い苦痛を与えるのです。

※罪人を苦しめる猛火。悪業によって火に焼かれるように身を滅ぼすこと。

悔やんだり
泣くようなことをしない
心がおだやかになることをしよう

行ったのちに悔いて苦しみ、
涙に顔を濡らしながらその報いを受けるなら、
その行為は善にあらず。

（法句経67）

悪業を生まないための心がけ

業《ごう》（カルマ）となる行為の、善か悪かの判断基準を示したことばです。

行為のあとで悔いて、のちに、涙を流し声を上げて泣きながら報いを受けるようであれば、その行為は善にあらず「悪」であるとしています。

つづく「法句経68」では、行為のあとで苦しむことなく、のちに嬉しく喜びを感じながら報いを受けるようであれば、その行為は「善」であるとしています。

説明としては拍子抜けするかもしれませんが、じつは人間の本性や感情というのはそれだけ正直にできているということかもしれません。

行為の直後には自分で善悪の判断がつかなくても、人を傷つけたりものを奪ったりすれば、人間の本性はモヤモヤと悔いて苦しむのです。人の手助けをしたり弱い者を守ったりすれば、きっと人間の本性はおだやかに落ち着くのです。

それは、のちのち苦しさに泣くような報いを得たり、喜びに胸弾《はず》ませるような報いを得て、悪業か善業かがはっきりします。悪業を作らないためにも、「心がおだやかになることをしよう」と日頃から心がけることが大切なのです。

ただ空しく年をとるな
老いてこそ賢者の道を歩め

頭髪が白くなったからといって、
「長老」とみなされるわけではない。
ただ年をとっただけなら、
「空しく老いた人」と言われる。

（法句経２６０）

老いの苦を脱する長老の道

老いに向かいはじめた人には、ギクリとすることばかもしれません。

では、どんな人が長老とみなされるのかというと、次の句に、「誠意と徳があり、慈しみと慎みを持ち、人を傷つけず、自らを整え制して、汚れをすっかり吐き出した人。彼こそ『長老』とよばれる」とあります。

現代の中高年にはかなり高いハードルかもしれませんが、「せっかくいのちを長らえて年を重ねるなら、ただ老いるのでなく、法（真の教え）を実践し、賢者の道を歩まずしてどうするのか」というブッダの思いが伝わってくるようです。

ブッダは「四苦」（生・老・病・死）の一つである「老い」について、戒めの句を多く残しています。


聞いて学ぶことの少ない人は、牡牛《おうし》のように老いていく。

その肉は増えるが、その智慧が増えることはない。（法句経152）

年老いて、気がつけば得たものはだぶついた肉だけというのでは、あまりにも悲しいでしょう。せめて賢者の道を一歩でも二歩でも歩みたいものです。

自分の所有物など何もないことを知る

「私には子がある、私には財がある」
愚かな人はこのように悩む。
自己でさえすでに自己のものでないのに、
どうして子がある、財があると言えようか。

（法句経62）

執着がつよいほど「苦しみ」は増す

自分の子どもを愛さない人がいるでしょうか。汗水流して手に入れた財産（たとえば家、車、預金）に愛着を持たない人がいるでしょうか。

それでもブッダはその執着を手放せと言うのです。

「私の子だ」という思いがつよいほど、「おなかを空《す》かせていないか」「事故に遭《あ》ったりしないだろうか」「病気で苦しい思いをさせたくない」などと常に気を揉まずにいられなくなります。それだけでも悩みの種ですが、子が成長して、「ああなってほしい、こうなってほしい」と求めても自分の思いどおりにならないことが増えると、親は苦しみから逃れられなくなります。仏教では「求めて得られない苦しみ（求不得苦《ぐふとくく》）」といい、愛情、つまり執着がつよいほど苦悩は増大します。財産も同様で、「私のもの」という執着心がつよいほど〝価値が上がった・下がった〟〝失った・奪われた〟などと始終悩み、苦しむことになります。

現実にすべての執着をなくすことは無理ですが、必要以上の執着は苦を生みます。執着の固まりである自分は、本来の自己ではないと知りましょう。

悪の行為は敵への仕打ちのように自分を苦しめる

無知な愚か者は、自分に対して
まるで仇敵《かたき》であるかのようにふるまう。
そうして悪業《あくごう》を重ね、
苦い果実を実らせる。

（法句経66）

苦を生まぬよう悪因を断て

仇敵、たとえば親の仇《かたき》といったら怨み憎しみの対象の最たるもので、出会ったらとことん苦しめてやろうと思うものです。

無知で愚かな者は悪を行う。それは自分に対して「仇敵」にする仕打ちをしているようなものだ――とブッダは言っています。

すべての出来事にはかならず原因がある。よい原因からはよい結果が生まれ（善因楽果）、悪い原因からは苦が生まれる（悪因苦果）。自分で作った原因は、自分でその結果を受けとらなくてはならない（自業自得）。この「因果」を説くところに仏教の大きな特徴があります。道元禅師も「因果の道理歴然《れきねん》としてわたくしなし。造悪のものは堕《だ》し、修善《しゅぜん》のものはのぼる、豪釐《ごうり》もたがはざるなり」と述べています。いまはつらい世界に生きていても、ここでの努力が将来に大きな実を結ぶ、諦めてはいけない。逆にいま少しばかり楽であっても、怠ればたちまち苦がやってくる、奢《おご》ってはならない。心を静謐《せいひつ》にたもちつつ、たゆまぬ努力をつづけなさいと、ブッダの教えは常にいまと未来を見すえていました。

悪魔の軍勢に勝利して至福の境地へ

白鳥は太陽の道を行き、
神通力のある者は虚空《こくう》を飛ぶ。
賢者は悪魔とその軍勢に勝利して、
世界を離脱する。

（法句経175）

襲い来る悪魔の軍勢とは

煩悩を滅し尽くした人は、いつでも自在に心を安定させる（禅定《ぜんじょう》）ことができ、白鳥のようにどこへでも自在に飛んでいくことができるのだそうです。

この句は、そのように煩悩を消し去った人は、悪魔（マーラ）とその軍勢に打ち勝って世間を離脱し、「涅槃《ねはん》」へおもむくことを言っています。

悟りを開くには、この悪魔の襲来を撃退し勝利すること（降魔《ごうま》という）が絶対の条件となりますが、いったいどんな軍勢がやってくるのかというと、『経集』（『スッタニパータ』）という経典には次の十種が書かれています。

第一軍は「欲望」、第二軍は「不快」、第三軍は「飢渇《けかち》」（飢えと渇き）、第四軍は「渇愛」、第五軍は「沈鬱《ちんうつ》・眠気」、以下つづいて「恐怖」、「疑心」、「被覆と強情」、「利得・名声・恭敬《くぎょう》」、そして第十軍が「自己を褒《ほ》めること・他者を貶《けな》すこと」。

これらが、坐禅を組み禅定に入ろうとする修行者に次々と襲いかかるわけです。

しかしこれに耐えて打ち破れば、白鳥が太陽に教えられた道を迷わずやってくるように、涅槃という至福の境地への道がまっすぐ開けるのです。

最上の真理にしたがい迷わず生きていく

道《どう》においては八正道が最上である。
真理においては四諦が最上である。
徳においては離欲が最上である。
人々においてはブッダが最上である。

（法句経273）

幸福を得る方法を見つけた最上の人

空海は、若き日の著書『三教指帰《さんごうしいき》』に、「彼岸へ渡る筏《いかだ》のともづなを解き、八正の船を迷いの河へ漕ぎ出して、悟りの岸に達しよう」と自らの出家宣言をしています。この「八正の船」とは「八正道」のこと。

ブッダは悟りに到達した自らの体験から、苦楽を離れた「中道」こそ涅槃へ至る道であることを確信し、これを具体化して人々に最初に説いたのが「八正道」でした（八正道、四諦については101ページ参照）。「中道」とは、中間の無難なところを行くことではなく、対立したり矛盾し合う両極端の立場を離れ、すべてのものごとに中正の立場を保つこと。偏見を捨ててものごとをありのままに見て（つまりは真理にしたがって）、一方的な決めつけをしないということです。

八正道を守るとどうなるかといえば、心の汚れ（煩悩）が次第しだいに浄化され、ついには涅槃へ導かれるのです。そして、これらが最も重要で最高のものだと発見したブッダは、いわば「真の幸福を得る方法」を発見し、人々に教えたわけですから、「最上の人」と言える唯一の存在なのです。

道は説かれた
あとは君自身が実践すること

君たちは自らつとめ励むことだ。
如来はただ教えを説いたのだ。
心静かに八正道を歩む者は、
悪魔の束縛から解脱するだろう。

（法句経276）

自分で歩まなければ何も変わらない

前項の句（法句経273）からつづく三つの句は一連なりになっています。

ただこの道あるのみだ。見識を清めるのにほかに道はない。

君たちはこの道を行け。これは悪魔を迷わせる道なのだ。（法句経274）

この道を歩むなら、やがて苦が尽きるのを知るだろう。

矢を抜いて癒す方法を悟り、私は君たちに道を説いたのだ。（法句経275）

そしてこの「如来はただ教えを説いたのだ」ということばがあります。如来とは悟りを開き智慧を完成した人、ブッダのこと。「如来は教えを説き、道を示しただけであり、その道を歩むのは君たち自身です」とブッダはここで念を押しているのです。八正道は悪魔の束縛を解く最高の教えなのだから、説かれたままに実践してほしい、そんな思いのあふれる句です。仏の教えはただ信じれば救ってもらえるというものではなく、〝実践して自分で幸福をつかみとる教え〟だということがよくわかります。どんなにすばらしい教えでも、ありがたく拝聴するだけでは何も変わらない。そのことをあらためて肝に銘じましょう。

精神の安定と集中から智慧が生じる

瞑想から智慧が生じ、
瞑想がなければ智慧は滅びる。
この生と滅の二つの道を知り、
智慧が増大するよう自己を整えよ。

（法句経282）

瞑想がもたらす精神の安定

小学校四年生の頃、授業開始の一分間を必ず瞑想から始める先生がいました。「はい、瞑想」という声とともに、全員が座席で背筋を伸ばし、目をつむります。ついさっきまで馬跳びやプロレスごっこに興じていた男子も、編み物遊びをしていた女子も、みんな一分間静かに瞑想するのです。ひざに手を置き、目をつむると……最初は宿題や給食のことやクラスの好きな子のことなどが頭に浮かんでモヤッとしているものの、二十秒もすると不思議に落ち着いてきて、校庭からひびいてくる声も、ときに現実ではないように聞こえたりしたものです。

「瞑想することから智慧が生じる」とブッダは言っています。精神が安定し落ち着いていない限り、智慧は生じない。智慧が得られない限り究極の安らぎ（涅槃）には到らないと――。ひとときの瞑想さえ忘れてしまったいま、あの授業前の瞑想の短くも安定した時間と、授業が始まってからも最初の十分ほどはたしかに集中力が高まっていたことを懐かしく思い出します。心を落ち着かせること、自己を整えることの大事さを、あらためて思わせるブッダのことばです。

小さな快楽より大きな安楽を選ぶ

小さな快楽を捨てることで、
大きな楽しみを見ることができるなら、
賢者は大きな楽しみを望んで、
小さな快楽を捨てるべし。

（法句経290）

本当にしたいのかと静思《じょうし》する

「小さな快楽」とは、性欲、食欲などの欲望を満たしたり、人に怒りをぶつけたり、きついことばで人を非難したりすること。私たちは日常の中でこれらをがまんするのは、じつはつまらないからイヤなわけです。食べたいものをその場で食べたり、性欲が高まったら発散させたり、腹が立てば怒りをぶつけたりするほうが、よほど刺激的で面白い。ストレスの発散というのもこれです。

しかし、そうしたちっぽけな快楽を捨ててしまえば、煩悩が去り、「大きな楽しみ」、つまり心安らかに生きるという「至上の安楽」が得られるのです。「賢者は小さな快楽を捨てよ」とブッダは言いますが、問題はどう捨てるかでしょう。

その方法の一つに「静思《じょうし》」があります。文字どおり静かに思いめぐらすこと。禅の修行僧は「言うべきかやるべきか、三度考えてから行え」と指導されるそうですが、そこまでは無理でも「やってしまえ」「言ってしまえ」と思ったとき、一度飲み込んで「本当に自分はそうしたいのか」と考えるだけで、快楽志向がすっと収まるようになります。覚えておくだけでも効果的なことばです。

善き人は遠くにいても雪山の如く輝いて見える

善き人々は遠くにいても輝いて見える、
雪を頂く高山のように。
不善の人々は近くにいても見えない、
夜影に放たれた矢のように。

（法句経３０４）

善の心があなたを輝かせる

雪を頂く高山とは、ブッダが生まれた北インドから望めるヒマラヤ山脈のこと。〝世界の屋根〟といわれるヒマラヤは、たしかにどこからでも神々しく輝いて見えそうです。善人はそのように遠くからでも輝いて見え、不善の人（悪人）は近くにいるのに闇夜の矢のように見えないというのです。

しかし、現実社会を考えるとやや違和感を覚えます。世の中で目立つのは、すぐれた才能を持つ人、容姿や人柄で特別人を惹《ひ》きつける人、富と名声を持つ人。ここまではいいとして、善人の範疇《はんちゅう》から外れそうな、自己主張のつよい人、生活が派手で華やかな人、並外れてお金を儲けている人、落ち着きがなく常に大騒ぎをして人を巻き込む人などなど。悪人とは言い切れないが善人ではない……。

そういう人たちは、目立ちはしても善の「輝き」がない。ブッダの立場からすれば見えない（認められない）というのがこの句の本意でしょう。逆に世の中では目立たない存在でも、真の善人はブッダが必ず見守ってくれています。富も才能もなくても、善の心さえあれば輝く存在であることを信じましょう。

よき友がいて
小さな満足を楽しむ
その人生は幸いである

ことが起こったとき、友があるのは楽しい。
どんなことであろうと、満足することは楽しい。
いのちが終わるとき、善を積んでいるのは楽しい。
あらゆる苦しみが除かれるのは楽しい。

（法句経３３１）

よき友が自分を成長させる

よき友がいること、足るを知ること（知足《ちそく》）、善を積むこと、苦を脱すること。これらが人生を最後まで充実させ、幸福をもたらすということです。

友のありがたさについては、「我を生みしものは父母、我を成せしものは朋友《ほうゆう》」ということばがあります。中国の管仲※のことばで、不遇の時代から常に心の支えとなった親友・鮑叔《ほうしゅく》との関係（「管鮑《かんぽう》の交わり」という成句のもと）を述懐した話がもとになっています。

「二人で商売をしたとき、私は分け前を多く取ったが、彼は私を欲張り呼ばわりしなかった。私が貧乏なのを知っていたからだ。私は何度か仕官してそのたびにお払い箱になったが、彼は私を無能呼ばわりしなかった。私にまだ運が向いてきていないのを察していたからだ。私は戦争に出るたび逃げ帰ってきたが、彼は臆病者呼ばわりしなかった。私に年老いた母がいることを知っていたからだ……。私を生んでくれたのは父母だが、私を真に理解してくれたのは鮑叔である」

足るを知り、善に生きて、こんな親友がいれば、人生は幸福と言えそうです。

※かんちゅう。春秋時代（紀元前7世紀頃）に斉王・桓公を支えた名宰相。

善の生き方を貫き
信頼と智慧を得る
その人生は幸いである

老いにいたるまで戒を保つのは楽しい。
信じる心が確立するのは楽しい。
あきらかな智慧を得ることは楽しい。
もろもろの悪を行わないことは楽しい。

（法句経333）

真心尽くせ人知らずとも

昭和の名僧と慕われた松原泰道《たいどう》老師※が、若き日に旅した箱根山中で目にしたという歌碑には、こんな歌が刻まれていたそうです。

あれを見よ　深山《みやま》の桜咲きにけり　真心尽くせ人知らずとも

そこからは、深い山中に人知れず咲く満開の山桜が見えたそうです。師は同行した仲間とこの歌のように、だれが見ていようと見ていまいと、誠心誠意尽くす生き方をしていこうと約束し、人生の「生きる姿勢」が決まったといいます。

この句の「老いにいたるまで戒を保つのは楽しい」とは、現代で言うなら「生涯道徳心を保ち、世の中のためになることに励むのは幸せだ」ということでしょう。たとえば高齢者が地域のボランティア活動に尽くしていたり、通学時の子どもたちの安全を見守っている姿には、やはり頭が下がります。「信じる心」は信頼、「智慧」は人生を豊かに生きる知恵と読み替えれば、日々の些細《ささい》な行いや人とのふれあいにこそ幸福があるということをあらためて感じます。大事なのは、深山の山桜のように、人知らずとも精一杯真心を尽くすことなのです。

※1907～2009。臨済宗の僧侶。『般若心経入門』など多数の著書がある。

真実のことばを語り
だれ一人不機嫌にしない

粗野でなく、わかりやすく、
真実のことばを語り、
だれも不機嫌にしない人、
彼をわれはバラモンと呼ぶ。

（法句経４０８）

老人に安心され若者に慕われる人

先にも紹介した「和顔愛語《わがんあいご》」（常におだやかな表情でやさしいことばを話す）の心がけをしていると、こんな人物になれるかもしれません。周囲のだれも不機嫌にしないというだけで、十分人に慕われる人物像ではないでしょうか。

ここでいうバラモンとは理想の修行者、最高の弟子といった意味で、『論語』でいうなら「君子」にあたることばと考えればいいでしょう。その『論語』には、弟子に「先生の望む人物像を聞かせてください」と問われ、孔子がこのように答える話があります。

「子曰《しいわ》く、老者はこれを安んじ、朋友はこれを信じ、少者はこれを懐《なつ》けん」（公冶長篇五）。老人には安心され、友人には信頼され、若者には慕われる——そんな人物になりたいものだな、と孔子は言うのです。

人間として、まさにそれで十分ではないでしょうか。こういう人物に不機嫌になる人はいないでしょう。私たちも自分の資質に応じて「こうなりたい人物像」のイメージを持つことは、人生の指針として思いのほか有効かもしれません。

すべての重荷を下ろした人は幸福にも不幸にも執着しない

この世における禍福《かふく》の、いずれにも執着することなく、憂いなく、欲もなく、清らかな人。彼をわれはバラモンとよぶ。

（法句経412）

禍福にも善悪にもとらわれず

『法句経』最終章は「バラモン」と名付けられ、さまざまな人物像を列挙しては最後に「彼をわれはバラモンとよぶ」ということばで締めくくっています。

そのバラモン（理想の修行者、最高の僧侶）の肖像をいくつか挙げてみます。

「この世で自分の苦しみが滅びたことを知り、重荷を下ろし、束縛を解いた人」

「敵意ある人々の中にいて敵意がなく、暴力をふるう人々の中にいて心静かで、執着する人々の中にいて、執着しない人」

「錐《きり》の先端から芥子《けし》粒が落ちるように、貪り、怒り、慢心、偽善を落とした人」

「過去にも未来にも現在にも、何も所有せず無一物で、一切の執着のない人」

彼らは「禍福のいずれにも執着がなく」、つまり「幸不幸」や「善悪」にすらとらわれることなく心おだやかに生きていけるというのです。バラモンは「全世界※を征服した英雄」（自己に打ち克った英雄）だとも言っています。彼らはもう涅槃の入口にいるのです。貪り、怒り、慢心、偽善……これらをわが身から脱落させることで、私たちもその境地へ達し得ることを希望としましょう。

※外界と接する「眼・耳・鼻・舌・身・意」をすべて制御したということ。

清らかに澄む
月のように生きていく

曇りのない月のように、
清らかで澄んでいて、
歓楽の生活を望まない人。
彼をわれはバラモンとよぶ。

（法句経413）

独り瞑想し月を心に映す

前項につづきバラモンにふれたことばで、さらに次の句も紹介します。

　糞掃衣※をまとい、やせて血管が現われ、
独り森の中で冥想している人。彼をわれはバラモンとよぶ。（法句経395）

　ゆえのない罵倒や暴力、拘束にも怒ることなく堪え、
忍耐力と勇猛な心を持つ人。彼をわれはバラモンとよぶ。（法句経399）

これらの句から私がすぐ連想するのが、江戸時代の禅僧、良寛の姿です。「僧に非ず、俗に非ず」と僧職からも俗世からも離れ、山中の小さな庵《いおり》に独居して仏道を求めた人。子どもたちに愛され、人々の記憶にあたたかいものを残していった良寛さん。日々の糧《かて》は托鉢《たくはつ》のみに頼り、擦《す》り切れて向うが透けて見えそうな衣を着ていたといいます。あるとき、村人から盗人とまちがえられて手ひどい乱暴を受けますが、良寛は一言の言い訳も抵抗もせず、相手の気のすむようにさせていたそうです。まるで右のブッダの句そのものです。「曇りのない月」のように生きた良寛、彼もまた最高の僧侶《バラモン》だったのではないでしょうか。

※ふんぞうえ。捨てられたボロ布を縫い合わせた衣のこと。

ひたむきに自己と向き合う者は真の自由を得る

独り坐し、独り臥《ふ》し、独り歩み、
倦怠《けんたい》もなく、独り自己を整える者は、
林の中で独り楽しめ。

（法句経３０５）

自己を制御して得られる自由

独り坐禅を組み、独り体を横たえ、独り歩む。そうして倦《う》むことなく自己を整える者は、林でも森でも自由に楽しむことができる――。

これは修行の孤独を表す句ではなく、修行者は何ものにも依存することなく、ただひたむきに自己と向き合い、自己を制御せよということでしょう。

ここには、自分の煩悩を滅することができるのは自分しかいないという厳しさと、自己を整え迷いを脱したときに獲得する精神の自由があります。「独り」とは精神的に一人ということ。仏道に限らず自己を鍛える修行というのは、大勢の仲間と行うにしても、自分一人と向き合ってこそ成果が得られるものです。

「でも、独りはつらいな」と感じる人もいるでしょう。とくに若い人には孤独を恐れ、常にだれかとつながっていないと不安だという人が多いようです。しかし、携帯メールのやりとりで常に互いの存在を確認し合うより、ときには静かな場所に一人坐り、しばし瞑想してみるほうが、自己の存在の不可解さ、愛おしさ、そして人とのつながりをより深く感じ取ることができるかもしれません。

仏を思うとき
みな心の仏弟子となる

仏の弟子は、いつもよく目覚めていて
昼も夜も常に仏を念じている。
仏の弟子は、いつもよく目覚めていて
昼も夜も常に法を念じている。

（法句経２９６・２９７）

仏さまならどうするだろうか

迷ったときや、困ったときは、「仏さまならどうするだろう?」と考えてみるといい――。私が仏教関係の本に関わり始めた頃、あるお坊さんからいただいた助言です。以来、ふだんの生活のいろいろな局面で私なりに「仏さまを念じて」みると、たしかに悪い方向には行かずにすむことが多くなったように思います。

少なくとも身の程を知らない物欲・食欲・性欲などは、「いやいや仏さまならこんなことはしない」と思えばすっと抑止できることが多いわけです。街で困っている人を見れば、時間がないから通り過ぎようとする自分をふと「仏さまなら……」という思いが引き止めたりもします。

もう一つは、悲しいときや辛くてどうしようもないときは、ただ仏さまのことを思って手を合わせるといい――。「わたしがさみしいとき　おかあさまはやさしい　わたしがさみしいとき　ほとけさまはさびしいの」と書いた詩人がいました。仏を思うとき、私たちはみな心の仏弟子です。そして仏は私たちの悲しみにそのまま寄り添い、その大いなる慈悲で包んでくれるのです。

早わかりブッダの教え

ブッダの教えの概要をいくつかまとめました。
本文の参考になれば幸いです。

生きるとは

生きるとは苦しみである。
生きるとは「思いどおりにならないこと」である。
「思いどおりにならないこと」が苦である。
「ご都合どおりにいかないこと」が苦である。
自分のご都合を優先した思いとは「執着」である。
「執着」は欲望や怒りという煩悩から生じる。
「執着」がつよいほど苦しみも大きくなる。
心を静めると自分の都合が整理できる。
心を整えて「執着」を手放すことで、「苦」は滅していく。

苦しみとは

仏教でいう「四苦八苦」とは――

「生」この世に生まれ、生きていくこと。

「老」老いること。

「病」病いにかかること。

「死」死から逃れられないこと。

という「生老病死《しょうろうびょうし》」の四苦に次の四つを加えたもの。

「愛別離苦《あいべつりく》」愛する者と別れなければならない苦しみ。

「求不得苦《ぐふとくく》」求めても得られない苦しみ。

「五蘊盛苦《ごうんじょうく》」煩悩が充満している苦しみ。

「怨憎会苦《おんぞうえく》」嫌いな者と会わなければならない苦しみ。

つまり「四苦八苦」とは、人がこの世で生きていくかぎり、だれも逃れることのできない苦のことである。

善とは

仏教では修行中に守るべき「戒」がいくつかあり、一般的な例としては次の「十善戒」がある。

「不殺生《ふせっしょう》」生きものを殺しません。
「不偸盗《ふちゅうとう》」他人のものを盗みません。
「不邪淫《ふじゃいん》」みだらな男女関係を持ちません。
「不妄語《ふもうご》」うそいつわりを言いません。
「不綺語《ふきご》」たわごとを言いません。
「不悪口《ふあっく》」人の悪口を言いません。
「不両舌《ふりょうぜつ》」二枚舌を使いません。
「不慳貪《ふけんどん》」ものをけちったり貪りません。
「不瞋恚《ふしんい》」怒り憎むことをしません。
「不邪見《ふじゃけん》」まちがった考え方をしません。

八正道とは

苦を乗り越えるための実践法として、悟りを開いたブッダが最初の説法であきらかにしたもの。「正しい」とは快楽・苦痛など両極端に偏らず「中道」を行くこと。これらを守り実践することで悟りが開かれ、涅槃へ至る。

「正見《しょうけん》」正しい見解、世界観。
「正思《しょうし》」正しい思惟、意欲。
「正語《しょうご》」正しいことば。
「正業《しょうごう》」正しい行い、主体的行為。
「正命《しょうみょう》」正しい生活。
「正精進《しょうしょうじん》」正しい努力、修養。
「正念《しょうねん》」正しい思念、気づかい。
「正定《しょうじょう》」正しい精神統一・瞑想、禅定。

用語解説

業《ごう》……行為のこと。カルマ。善悪の業によってのちに報いを受けるとされる。

業火《ごうか》……罪人を苦しめる猛火。悪業によって火に焼かれるように身を滅ぼすこと。

五蘊《ごうん》……色・受・想・行・識（肉体・感覚・思考・感情・心の働き）をいう。

四苦《しく》……生・老・病・死の四つの苦しみ。生まれて生きること、病にかかったり老いること、死ぬことを根源的な「苦」とする。

四諦《したい》……ブッダが人々に最初に説いた四つの真理。苦諦・集諦・滅諦・道諦。

慈悲《じひ》……仏や菩薩の持つ深い慈しみと憐れみの心。

邪見《じゃけん》……ブッダの教えを否定する考え。

衆生《しゅじょう》……すべてのいのちあるもの。とくに煩悩に迷う人々のことをさす。

成道《じょうどう》……悟りを開くこと。

正法眼蔵随聞記《しょうぼうげんぞうずいもんき》……道元禅師の折々の話を弟子の懐奘がまとめたもの。

瞋《じん》……怒りの心（瞋恚《しんい》）。

痴《ち》……愚かな心（愚痴）。

智慧《ちえ》……仏の教えによって得られる真理のこと。「般若」ともいう。

貪《とん》……貪りの心（貪欲）。

貪《とん》・瞋《じん》・痴《ち》の三毒《さんどく》……心を害する根本的な煩悩のこと。貪欲・瞋恚・愚痴。

涅《ね》槃《はん》……サンスクリット語でニルヴァーナ。あらゆる煩悩が消滅し、一切の苦しみや束縛から脱した安らぎの境地。仏の悟りを得た境地。

八正道《はっしょうどう》……正見（正しい見解）・正思（正しい思考）・正語（正しいことば）・正行（正しい行動）・正命（正しい生活）・正精進（正しい努力）・正念（正しい気づかい）・正定（正しい精神統一）のこと。

八風《はっぷう》……人の心を惑わし、あおりたてる八つのもの。利・衰・毀・誉・称・譏・苦・楽。

仏性《ぶっしょう》……仏になるべき資質。あるいは仏となる種子を宿していること。

煩悩《ぼんのう》……心身を迷わせて苦しめる欲望や執着、妄念など。貪・瞋・痴は根本的な煩悩である。

凡《ぼん》夫《ぷ》……愚かな人。仏の教えを理解せず煩悩に迷わされる者のこと。

無《む》明《みょう》……真理を悟れないこと。欲望や執着などあらゆる煩悩の根源となる無知をさす。

輪廻転生《りんねてんしょう》……生ある者が死後も迷いの世界で生死を繰り返すこと。

六道《ろくどう》……天道・人間道・修羅道・畜生道・餓鬼道・地獄道の六つの世界。

●参考文献

『法句経』辻直四郎訳『南伝大蔵経』第23巻所収（大蔵出版）
『漢訳法句経』2巻　大正大蔵経巻4（大蔵出版）
『ブッダの真理のことば・感興のことば』中村元訳（岩波書店）
『ブッダのことば』中村元訳（岩波書店）
『ダンマパダ　全詩解説』片山一良著（大蔵出版）
『「ダンマパダ」をよむ　上』片山一良著（日本放送協会出版）
『正法眼蔵』道元著、水野弥穂子校注（岩波書店）
『正法眼蔵随聞記』水野弥穂子訳（筑摩書房）
『原訳「法句経」一日一話』A・スマナサーラ著（佼成出版社）
『心にひびく「論語」』中村信幸監修（永岡書店）

※本書掲載の法句経訳文は、『南伝大蔵経』所収の『法句経』を底本に、右記文献等を参照して著者が作成しています。

監修者紹介
永井 政之（ながい・まさし）
1946年群馬県生まれ。駒澤大学仏教学部卒。同大学院修了。仏教学博士。駒澤大学仏教学部教授。専門は禅学、禅宗を中心とした中国仏教。著書に『中国禅宗教団と民衆』（内山書店）、『雲門』（臨川書店）などがある。群馬県・良珊寺住職。

著者紹介
宮下 真（みやした・まこと）
1957年福島県生まれ。出版社・制作会社を経て独立。日本・中国の古典や伝統文化を主な分野として出版活動に従事。編著書に『ふっと心がかるくなる禅の言葉』『心にひびく論語』など、著書に『空海黄金の言葉』『親鸞 救いの言葉』などがある。オフィスM2代表。

●構成／オフィスM2
●本文デザイン／橋本秀則（シンプル）
●DTP製作／センターメディア

人生の真理が心をゆさぶる！ ブッダ いのちの言葉

監修者 ――― 永井政之
著　者 ――― 宮下 真
発行者 ――― 永岡修一
発行所 ――― 株式会社永岡書店
〒176-8518 東京都練馬区豊玉上1-7-14
代表☎03（3992）5155 編集☎03（3992）7191
印　刷 ――― 図書印刷
製　本 ――― コモンズデザイン・ネットワーク

ISBN978-4-522-47641-3 C0176
落丁本・乱丁本はお取り替えいたします。④